Beschaffung von IT-Leistungen

Meinhard Erben • Wolf G. H. Günther

Beschaffung von IT-Leistungen

Vertragsgestaltung für Anwender

2., aktualisierte und erweiterte Auflage

 Springer Gabler

Meinhard Erben
Heidelberg, Deutschland

Wolf G. H. Günther
Heidelberg, Deutschland

ISBN 978-3-662-65076-9   ISBN 978-3-662-65077-6   (eBook)
https://doi.org/10.1007/978-3-662-65077-6

Die Deutsche Nationalbibliothek verzeichnet diese Publikation in der Deutschen Nationalbibliografie; detaillierte bibliografische Daten sind im Internet über http://dnb.d-nb.de abrufbar.

Springer Gabler
© Springer-Verlag GmbH Deutschland, ein Teil von Springer Nature 2018, 2022

Lektorat/Planung: Susanne Kramer
Springer Gabler ist ein Imprint der eingetragenen Gesellschaft Springer-Verlag GmbH, DE und ist ein Teil von Springer Nature.
Die Anschrift der Gesellschaft ist: Heidelberger Platz 3, 14197 Berlin, Germany

Vorwort

Die Beschaffung von IT-Anwendungssystemen mit umfangreichen Hard- und Softwareleistungen ist nach wie vor komplex, auch wenn IT-Leistungen mittlerweile zum Alltag gehören und kaum noch etwas ohne IT funktioniert. Regelungen sind wichtig, schon, um Streit zu vermeiden. Sie sind unverzichtbar, wenn es ungeachtet dessen zum Streit kommt. Ist das Projekt einmal in die Schieflage geraten, ist jeder Aufwand, den man vorher in vernünftige und realitätskonforme Vertragsgestaltung investiert hat, gut investierter Aufwand. Außerdem sind vertragliche Vereinbarungen nützlich, um den Erfolg des IT-Beschaffungsvertrags zu fördern.

Bei IT-Beschaffungsverträgen geht es nicht darum, möglichst viel zu regeln, sondern dass das, was geregelt wird, möglichst vollständig geregelt wird. In diesem Buch wird ein Überblick über die zwingend notwendigen und über die sinnvollen Regelungen gegeben und es werden Tipps für vertragliche Formulierungen dargestellt.

Mindestens ebenso wichtig wie die Vertragsgestaltung ist für den Anwender die Auswahl eines seriösen und erfahrenen Lieferanten. Wer mit einem seriösen, erfahrenen Lieferanten die Leistungen im Vertrag einigermaßen detailliert unter Beachtung der in diesem Buch aufgeführten Punkte regelt, hat das Wesentliche bereits getan.

In der zweiten Auflage wurde das Buch an vielen Stellen überarbeitet, erweitert und auf den neusten Stand gebracht. V.a. das Kapitel zum Cloud-Computing ist umfangreich aktualisiert worden, insb. im Hinblick auf die Bestimmungen zum Datenschutz gemäß der DSGVO, sowie auf die einzuhaltenden technischen und organisatorischen Maßnahmen. Weiterhin wurden Hinweise auf Open Source Software eingearbeitet und zum neuen Geschäftsgeheimnisgesetz. Schließlich ist Blockchain-Technologie integriert worden und es wurden Hinweise zur Sprache bei internationalen Verträgen aufgenommen, sowie der gesamte Text im gesamten Buch überarbeitet und ergänzt.

Falls Sie Anregungen oder Fragen zum Buch haben, können Sie uns gerne eine E-Mail schreiben: mail@kanzlei-dr-erben.de. Bitte haben Sie Verständnis dafür, dass wir in diesem Rahmen nur Fragen zum Buch beantworten können, nicht aber individuelle Rechtsberatung durchführen.

Individuelle Rechtsberatung rund ums IT-Recht können Sie natürlich von KANZLEI DR. ERBEN RECHTSANWÄLTE erhalten, was dann aber auch einen vergütungspflichtigen Vertrag voraussetzt: www.kanzlei-dr-erben.de.

Wir bieten auch regelmäßig Seminare zum IT-Recht an.

P.S.: Die wichtigsten Gesetzestexte haben wir in das Buch aufgenommen. Einige Paragrafen sind allerdings auf das Wesentliche gekürzt worden. Falls Sie kein BGB zur Hand haben, können wir Ihnen diese Website des Bundesministeriums der Justiz empfehlen:

http://www.gesetze-im-internet.de/aktuell.html

Dort finden Sie auch das Handelsgesetzbuch (HGB), Urheberrechtsgesetz (UrhG) und andere wichtige Gesetze.

Heidelberg   Meinhard Erben
                                                                 Wolf Günther

Inhaltsverzeichnis

Vorwort...5

1   **Einleitung**...**13**

2   **Vertragsvorbereitungen**...**15**
2.1   Generalunternehmer oder verschiedene Lieferanten?.......................16
2.2   Anschreiben an vorausgewählte IT-Lieferanten.............................17

3   **Vertragliche Regelungen**...**19**
3.1   Einführung...19
3.2   Die Leistung definieren...19
3.2.1   Erarbeitung der Lösung..20
3.2.1.1 Leistung steht noch nicht genau fest......................................21
3.2.1.2 Detaillierung der Anforderungen...21
3.2.2   Einhaltung der Entwicklungs- und Dokumentationsrichtlinien..........22
3.2.3   Nutzungsrechte...22
3.2.3.1 Arten der Nutzungsrechte..22
3.2.3.2 Ausschließliche oder nichtausschließliche Nutzungsrechte.........23
3.2.3.3 Beschränkung der Nutzungsrechte..23
3.2.3.4 Open Source Software (OSS)...24
3.3   Den Vertrag als Werkvertrag definieren...................................25
3.4   Absicherungen der Leistung...26
3.4.1   Antwortzeiten..26
3.4.2   Inhalt der Standardprogramme...26
3.4.3   Vertrag widerruflich abschließen zur Absicherung der Leistung.......26
3.5   Widerruflicher Vertrag...26
3.6   Projektleitung..27
3.6.1   Phasenbildung..27
3.6.2   Informationspflichten..28
3.6.3   Deeskalationsmechanismen..28
3.6.4   Entscheidungskompetenz des Projektleiters...............................29
3.7   Verfügbarkeit von Mitarbeitern..29
3.8   Einsatz von Unterauftragnehmern...30
3.9   Vertragsstrafen für Verzug...30
3.10   Mitwirkungspflichten und Terminplan.....................................31
3.10.1 Bestimmung der Mitwirkungspflichten....................................31
3.10.2 Folgen von Verletzungen der Mitwirkungspflichten....................31
3.11   Installation ohne zusätzliche Vergütung vereinbaren...................33
3.12   Die Abnahme vorsehen...33

3.13   Gewährleistung nicht nach Gesetz 35
   3.13.1 Unverzügliche Fehlerbeseitigung 35
   3.13.2 Gewährleistungsfrist 37
   3.13.3 Abschwächung des Aufwandsersatzes bei unberechtigter Mängelmeldung.......38
3.14   Koppelung von Hard- und Software 38
3.15   Regelungen zur Vergütung 39
   3.15.1 Preisabdeckungsklausel 39
   3.15.2 Späte Zahlungen vereinbaren 40
   3.15.3 Gewährleistungseinbehalte 40
   3.15.4 Günstige Skontoregelungen vorsehen 41
3.16   Pflegegarantie 41
3.17   Individualprogrammierung und Festpreis 42
   3.17.1 Kalkulation 43
   3.17.2 Definition der Anforderungen 44
   3.17.3 Auswahl des richtigen Lieferanten 45
3.18   Quellprogramme oder Objektprogramme 45
3.19   Hinterlegung 45
3.20   Dokumentation 47
3.21   Vertragsstrafen vereinbaren 47
3.22   Höhe von Pönalen / Vertragsstrafen 48
3.23   Change Requests 49
3.24   Anwenderbetreuung / Service Level Agreements 49
3.25   Geheimhaltung 51
   3.25.1 Allgemeine Geheimhaltung 51
   3.25.2 Geheimhaltungspflicht für Unterauftragnehmer 52
   3.25.3 Absicherung durch Vertragsstrafe 52
   3.25.4 Geheimhaltung von Know-how 53
3.26   Rechte am Know-how 54
3.27   Haftung des Lieferanten 54
   3.27.1 Haftung für Schutzrechtsverletzungen 55
3.28   Vorzugsbehandlung bei späteren Erweiterungen/Änderungen der Leistung 56
3.29   Abtretungsverbot 57
3.30   Schulung 57
3.31   Schiedsgerichte 57
   3.31.1 Pro und Contra 57
   3.31.2 Schiedsgerichtsordnungen 58
   3.31.3 Anwendbares Recht bei Schiedsvereinbarungen 58
   3.31.4 Ort des Schiedsgerichts 58
   3.31.5 Auswahl der Richter 58
   3.31.6 Abschließende Entscheidung? 59
   3.31.7 Vollstreckung von Schiedsgerichtsurteilen 59

3.32   Schiedsgutachten 59
3.33   Schlussbestimmungen..60
   3.33.1   Schriftform 60
   3.33.2   Gerichtsstand..60
   3.33.3   Rechtswahl..61

4   Besonderheiten bei agiler Softwareentwicklung 63
4.1   Einführung..63
4.2   Vergütung..63
4.3   Vergütung bei Kündigung des Vertrags..64
4.4   Verantwortlichkeit für Ergebnisse..64
4.5   Begriffsdefinitionen 65
4.6   Aufgaben des (z.B.) Scrum Masters..65
4.7   Kurze Deeskalationsmechanismen..65
4.8   Teams 66
   4.8.1   Auswahl der Teammitglieder 66
   4.8.2   Austausch von Teammitgliedern...66
   4.8.3   Begrenzung der Änderung der Teams..66
4.9   Gewährleistungsregelungen 66
4.10   Anpassungen der Regelungen zu Change Requests..................................67
4.11   Dokumentationspflicht 67
4.12   Nutzungsrechte...68
4.13   Quellcode 68
4.14   Kündigungsrechte 69

5   Besonderheiten beim Cloud Computing 71
5.1   Einführung..71
5.2   Vertragsgestaltung..71
   5.2.1   Cloud Computing als Mietvertrag 71
   5.2.2   Gliederung des Vertrags..73
   5.2.3   Leistungsbeschreibung 73
   5.2.4   Nutzungsrechte...73
   5.2.5   Vergütung, aktuelle Software, Kündigungsfristen 73
   5.2.6   Verfügbarkeit 74
   5.2.6.1 Vertragsstrafen..74
   5.2.6.2 Bonus-/Malus-Regelungen 74
   5.2.7   Maximale Ausfallzeit..75
   5.2.8   Regelungen zur Vertragsbeendigung 75
   5.2.9   Verpflichtung zu technischen und organisatorischen Maßnahmen 75
   5.2.10   Steuerrechtliche Regelungen..78

5.3   Datenschutzrecht beim Cloud Computing..78
            BESCHLUSS DER KOMMISSION...82
            ANHANG..83

6   Blockchain und Smart Contracts... 99
6.1   Einführung...99
6.2   Einkauf von Blockchain Lösungen 99
6.3   Smart Contracts...99

7   IT-Beschaffungsverträge mit internationalen Bezügen...................... 101
7.1   Einführung...101
7.2   Internationales Urheberrecht 102
7.3   Internationales Vertragsrecht...102
   7.3.1   UN-Kaufrecht..102
   7.3.2   Anwendbares Recht und Rechtswahl 103
   7.3.3   Internationaler Gerichtsstand..104
   7.3.4   Sprache..105

8   IT-Beschaffung durch die öffentliche Hand.............................. 107
8.1   Vergaberecht..107
   8.1.1   Bedeutung der Schwellenwerte 107
   8.1.2   Grundsätze des Vergabeverfahrens 107
   8.1.3   Auswahl des Lieferanten 108
   8.1.4   Verfahrensarten...108
   8.1.4.1 Offenes Verfahren/öffentliche Ausschreibung.......................................109
   8.1.4.2 Nichtoffenes Verfahren/beschränkte Ausschreibung 109
   8.1.4.3 Verhandlungsverfahren..109
   8.1.4.4 Wettbewerblicher Dialog 110
   8.1.4.5 Innovationspartnerschaft...110
   8.1.5   VgV, UVgO und VOL/B...111
8.2   EVB-IT 111
8.3   Arten der EVB-IT 112
8.4   Inhalt der EVB-IT...113
   8.4.1   Nutzungsrechte..114
   8.4.2   Dokumentation 114
   8.4.3   Vergütung..115
   8.4.4   Verjährung...115
   8.4.5   Verzug..115
   8.4.6   Gewährleistung (Haftung für Mängel) 115
   8.4.7   Gewährleistungsfrist..117
   8.4.8   Schutzrechtsverletzungen..117
   8.4.9   Datenschutz, Geheimhaltung und Sicherheit 118

8.4.10   Textform..119
8.4.11   Anwendbares Recht..119
8.5   Weitere Entwicklung...119

9   Einsatz von IT-Freelancern und Überlassung von Arbeitnehmern ... 121
9.1   Gesetzliche Lage seit 2017..121
9.2   Maßnahmen zur Verhinderung von Scheinselbstständigkeit und
           Arbeitnehmerüberlassung..123

**10   Rechtliche Risiken bei Eigenbeschaffung von IT durch
           Mitarbeiter 127**

11   Schlusswort...129

Literaturverzeichnis 130

Stichwortverzeichnis..131

1   Einleitung

Dieses Buch wendet sich vorrangig an Nichtjuristen. Juristen, die im IT-Recht nicht bewandert sind, werden hier aber auch einige Anregungen finden. Es erläutert jedoch nicht allgemeine Rechtsbegriffe und Rechtsprinzipien. Wer sich insoweit ein grundlegendes Verständnis schaffen will, kann sich dieses erarbeiten mit unserem im Verlag Springer Gabler erschienenen Buch „Gestaltung und Management von IT-Verträgen" (3. Aufl., 2017). An geeigneten Stellen verweisen wir in Fußnoten auf dieses Buch. Die Zielgruppe Nichtjuristen bedingt, dass die Darstellung teils etwas vereinfacht ist.

Wenn der Lieferant oder der Anwender identische Formulierungen in mehreren Verträgen nutzt, werden solche Formulierungen vom Gesetz in der Regel als Allgemeine Geschäftsbedingungen (AGB) im Rechtssinne eingestuft. Formulierungen in AGB sind eher unwirksam als Formulierungen in individuell ausgehandelten Verträgen. Dieses Buch geht hinsichtlich der Wirksamkeit von Formulierungen grundsätzlich von individuell ausgehandelten Verträgen aus. Natürlich können die Formulierungen in der Regel auch in AGB verwendet werden, es muss dann aber genau geprüft werden, ob die Formulierungen rechtlich wirksam sind. Das AGB-Recht im Einzelnen behandeln wir in unserem in diesem Verlag erschienenen Buch „Allgemeine Geschäftsbedingungen von IT-Verträgen: Wirksame Gestaltung und Verwendung für Praktiker" (6. Aufl., 2018).[1]

Das vorliegende Kapitel 1 erläutert die Struktur des Buches.

Kapitel 2 befasst sich mit den allgemeinen rechtlichen Vorüberlegungen bei IT-Beschaffungen.

Kapitel 3 behandelt die vertraglichen Regelungen, die aus Sicht des Anwenders bei klassischer IT-Beschaffung getroffen werden sollten.

Kapitel 4 behandelt Sonderfragen, die sich bei Verträgen über agile Softwaregestaltung stellen.

Kapitel 5 behandelt Rechtsfragen des Cloud Computing, das ja auch eine Form der IT-Beschaffung ist. Diese Rechtsfragen stellen sich ähnlich auch bei anderen Formen der Auslagerung von IT. Insbesondere wird in Kapitel 5.3 auf das Datenschutzrecht eingegangen.

Kapitel 6 behandelt die Besonderheiten bei internationaler IT-Beschaffung, insbesondere wenn der Lieferant seinen Sitz im Ausland hat.

Kapitel 7 gibt einen Überblick über das Vergaberecht und über die Regelungen, die die öffentliche Hand bei IT-Beschaffungen verwendet, nämlich die EVB-IT.

---

[1] Allgemein zum AGB-Recht siehe auch *Gestaltung und Management von IT-Verträgen*, Kap. 4.

© Springer-Verlag GmbH Deutschland, ein Teil von Springer Nature 2022
M. Erben, W. G. H. Günther, *Beschaffung von IT-Leistungen*,
https://doi.org/10.1007/978-3-662-65077-6_1

Kapitel 8 behandelt die rechtlichen Risiken, wenn IT-Freelancer eingesetzt werden oder wenn der Lieferant eigene Arbeitnehmer für längere Zeit zum Anwender schickt.

Kapitel 9 weist auf die Risiken der (unkoordinierten) Eigenbeschaffung von IT durch Mitarbeiter hin.

Wir sprechen auf der Beschafferseite in der Regel von „Anwender". In Verträgen, insbesondere in Werkverträgen, wird in der Praxis häufig auch der Begriff „Auftraggeber" verwendet. Auf der Lieferantenseite sprechen wir in der Regel von „Lieferant". In Verträgen wird in der Praxis hier häufig auch der Begriff „Auftragnehmer" verwendet. Wir haben uns für das Begriffspaar Anwender/Lieferant entschieden, weil es für Nichtjuristen eindeutiger ist und schneller nachvollziehbar ist, welche Seite gemeint ist.

Das Buch enthält Beispiele für Vertragsformulierungen; diese sind in Anführungszeichen gesetzt. Derartige Formulierungen müssen an den konkreten Einzelfall angepasst werden und es muss das Zusammenspiel mit den anderen Regeln im Vertrag berücksichtigt werden (und ggf. das AGB-Recht, s.o.). In der Regel sollte daher bei der Formulierung von Verträgen rechtlicher Rat eingeholt werden.

2   Vertragsvorbereitungen

Zunächst gilt es, die Aufgabenstellung möglichst konkret abzufassen. Dafür ist häufig externe Beratung sinnvoll. Auch müssen die Mitarbeiter, die später die IT dann nutzen, stark in die Beschaffung eingebunden werden, auch, um rechtlich äußerst riskante Eigenbeschaffung von IT durch Mitarbeiter zu verhindern.[2] Der Anwender braucht aber keine Beschreibung von Funktionalitäten des IT-Systems, sondern er muss nur Anwendungsanforderungen beschreiben. Die Umsetzung der Anwendungsanforderungen in IT-Prozesse obliegt dann dem Lieferanten. Wenn man intern bzw. mit externer Beratung so weit ist, dass man ziemlich genau weiß, was man an Leistung überhaupt benötigt, empfiehlt es sich, verschiedene Lieferanten zur Abgabe eines Angebots aufzufordern[3]; bei IT-Beschaffungen durch die öffentliche Hand ist das sogar gesetzlich vorgeschrieben[4]. Anschließend werden die eingehenden Angebote beurteilt. Sinnvollerweise hat man sich bereits vorher ein Konzept erstellt, nach dem die verschiedenen Kriterien gewichtet werden. Denn was man nicht deutlich abgefragt hat, kann man später in der Regel auch nicht vernünftig bewerten. Als Beurteilungskriterien kommen insbesondere in Betracht:

- Preis;

- Erfüllung der vorgegebenen Qualitätsmerkmale;

- erforderliche Mitwirkung des Anwenders unter Berücksichtigung der Auswirkungen auf den Preis;

- Terminplanung;

- fachliche Kenntnisse;

- IT-Kenntnisse der eigenen Abteilungen;

- Erfahrungen auf ähnlichen Gebieten;

- ähnliche IT-Projekte mit anderen Kunden;

- Erfahrungen mit dem Lieferanten;

- Mitarbeiterprofile des Lieferanten.

Es wird empfohlen, für die Prüfung der Angebote ausreichend Zeit einzuplanen. Bis Angebote eingehen und bis diese vergleichsfähig gemacht worden sind, vergeht erfahrungsgemäß wesentlich mehr Zeit als erwartet. Im Rahmen der Bewertung sollte dann zunächst eine Vorauswahl danach erfolgen, ob alle K.O.-Kriterien erfüllt sind. Es wird empfohlen, das

---

[2] Siehe dazu unten S. 119 ff.

[3] Siehe dazu unten S. 17.

[4] Zur IT-Beschaffung durch die öffentliche Hand siehe unten S. 101 ff.

© Springer-Verlag GmbH Deutschland, ein Teil von Springer Nature 2022   15
M. Erben, W. G. H. Günther, *Beschaffung von IT-Leistungen*,
https://doi.org/10.1007/978-3-662-65077-6_2

Thema langjährige Pflege des IT-Anwendungssystems als K.O.-Kriterium zu definieren, denn im Laufe des Einsatzes des Anwendungssystems gibt der Anwender für dessen Pflege erheblich mehr an Geld aus als für deren Erwerb. Also sollte er sich vorher absichern, ob und zu welchen Bedingungen die Pflege zu erbringen ist.

Bis zur Endauswahl sollten sämtliche Dokumente zum Vertragsentwurf fortgeschrieben werden. Dann müssen später nur noch die Ergebnisse der Schlussverhandlungen in die einzelnen Teildokumente eingearbeitet werden. Schließlich kann der Vertrag unterzeichnet werden.

2.1   Generalunternehmer oder verschiedene Lieferanten?

Wenn die Leistung komplex ist und/oder aus Hardware und Software besteht, wird ggf. ein Lieferant allein die Leistung nicht erbringen können. Es stellt sich dann die Frage, ob ein Generalunternehmer beauftragt werden soll oder ob – z.B. für die Hardware und die Software – verschiedene Lieferanten beauftragt werden.

Aus *rechtlicher* Sicht ist die Beauftragung eines Generalunternehmers zu empfehlen, der dann die fehlenden Leistungen bei Subunternehmern hinzukauft. Denn wenn das System nicht ordnungsgemäß funktioniert, wird jeder Lieferant die Ursache beim anderen Lieferanten suchen („Die Hardware ist zu langsam." „Die Software adressiert die Hardware nicht korrekt."). In der Regel müssen Sie dann prüfen, wo der Fehler tatsächlich liegt, und beweisen, dass der Fehler beim entsprechenden Lieferanten liegt. Ohne Hilfe eines Sachverständigen wird das häufig nicht möglich sein, teilweise wird auch die Ursache nicht auffindbar sein. In einem eventuellen Rechtsstreit wirkt es sich aber zu Ihren Lasten aus, wenn nicht abschließend geklärt werden kann, welcher der Lieferanten verantwortlich ist.[5] Wenn indessen ein Generalunternehmer für die gesamte Leistung verantwortlich ist, kann es dem Anwender weitgehend egal sein, was genau die Fehlerursache ist, solange klar ist, dass diese im Verantwortungsbereich des Lieferanten liegt.

In der *Praxis* bevorzugen dennoch einige Anwender die Verteilung der Leistung auf mehrere Lieferanten, z.B., damit bei Ausfall eines Lieferanten nicht das gesamte Projekt zum Stillstand kommt, oder um bessere Kontrolle über alle Lieferanten zu haben.[6] Was im konkreten Fall sinnvoller ist, ist eine kaufmännische Abwägung.

---

[5] Zur Beweislast siehe *Gestaltung und Management von IT-Verträgen*, Kap. 5.3.

[6] Zur entsprechenden Regelung bei Koppelung von Hard- und Software siehe S. 37.

2.2   Anschreiben an vorausgewählte IT-Lieferanten

Schon bei der Aufforderung zur Angebotsabgabe[7] soll die Aufgabenstellung möglichst detailliert abgefasst werden. Im Übrigen kann wie folgt formuliert werden:

Beispiel:

Betr.:   *Aufforderung zur Angebotsabgabe zur Erstellung eines IT-Anwendungssystems für LIEFERANT*

Anlagen: *1. Vertragsentwurf*
2. Pflichtenheft
3. Leistungsschein
4. Fragenkatalog
5. Hinweise zur Erstellung des Angebots

Sehr geehrte Damen und Herren,

*wir beabsichtigen, ein IT-Anwendungssystem zur BESCHREIBUNG erstellen zu lassen. Das Anwendungssystem soll [...]. Einzelheiten ergeben sich aus dem als **Anlage 2** beigefügten Pflichtenheft.*

1. Wir werden ... (= Beschreibung der Beteiligung des Anwenders am Herbeiführen des Ziels).

2. [...] Ihr Angebot soll bestehen aus:

*- dem von Ihnen ergänzten Leistungsschein gemäß **Anlage 3**. Der geschätzte Aufwand ist in Arbeitstagen für jeden Gliederungspunkt anzugeben. Er ist nicht als Leistungspflicht verbindlich, sondern soll Aufschluss über die Intensität der Bearbeitung geben;*

- dem Lösungsvorschlag. Sie können darin darstellen, wie Sie die Anforderungen erfüllen werden. Die Gliederung des Pflichtenheftes ist soweit wie möglich einzuhalten. Sie werden gebeten, Ihre Vorgehensweise möglichst zu verdeutlichen, insb. den für die einzelnen Punkte geplanten Lösungsweg darzulegen. Sie werden weiter gebeten anzugeben, auf welche eigenen Vorarbeiten Sie zurückgreifen können. Im Zeit- und Arbeitsplan ist unter Berücksichtigung der Vorgaben darzustellen, wie die Projektabwicklung im Hinblick auf Personaleinsatz, Termine, Zusammenarbeit mit uns, usw. Ihrerseits vorgesehen ist;

---

[7] Zum Zustandekommen eines Vertrags durch Angebot und Annahme siehe *Gestaltung und Management von IT-Verträgen*, Kap. 3.1.

- den Qualifikationsnachweisen der für die einzelnen Arbeiten vorgesehenen Mitarbeiter; ggf. können mehrere Mitarbeiter angegeben werden, zwischen denen Sie später auswählen können;

- Informationen über Ihr Unternehmen und Referenzen über vergleichbare Projekte. Dies gilt auch für Unterauftragnehmer, die am Auftrag beteiligt werden sollen;

- den Antworten auf den Fragenkatalog;

- der Stellungnahme zu den von uns gewünschten Vertragsbedingungen gemäß dem als Anlage 1 beigefügten Vertragsentwurf;

- einer Lieferantendarstellung;

- dem Anschreiben, das folgenden Text enthalten soll:

‚Hiermit werden die im beigefügten Angebot aufgeführten Leistungen angeboten. Diese decken alle Anforderungen der Aufgabenstellung gemäß Pflichtenheft ab, soweit nicht im Lösungsvorschlag ausdrücklich Ausnahmen aufgeführt sind. [...] Wir akzeptieren auch die Vertragsbedingungen, soweit im Folgenden nicht Vorbehalte aufgeführt sind, nämlich: _____. An dieses Angebot halten wir uns bis zum Ende der vorgesehenen Bindungsfrist, also bis zum DATUM gebunden.'

3. Angebote, die folgende Anforderungen nicht einhalten, werden nicht berücksichtigt: ...

4. Wir bitten Sie, diese Aufforderung auf Vollständigkeit zu überprüfen und uns unverzüglich darauf hinzuweisen, wenn die Unterlagen Unklarheiten oder Widersprüche enthalten oder wenn Sie Bedenken gegen die vorgesehene Art der Ausführung haben.

5. Mit Ihrem Angebot verpflichten Sie sich, dieses nach seiner Vorlage in unserem Hause an einem Tag zu präsentieren, und zwar getrennt für die Geschäftsleitung und für die IT-Abteilung. Wenn Ihr Angebot in die Endauswahl kommt, verpflichten Sie sich, ... (Testinstallation, Projektleiterbesprechungen, Angebot fortschreiben, etc.);

*6. Wir werden die Auswahl insb. nach folgenden Kriterien treffen: ... [K.O.-Kriterien sind mit * gekennzeichnet.]*

7. [Ggf. weitere Punkte.]"

Äußerst wichtig ist, dass die Lieferanten ihre Aufwandsschätzung detailliert darlegen. Das können sie nur, wenn eine entsprechende Liste mit Leistungspositionen in den Leistungsschein aufgenommen wird. So kann der Anwender anhand der Aufwandsschätzung insb. auch überprüfen, ob der Lieferant die Aufgabenstellung ähnlich wie der Anwender einschätzt und wie der Lieferant die einzelnen Teilleistungen voneinander abgrenzt und gewichtet. Das soll die Entscheidung nicht herbeiführen, erleichtert aber die Entscheidungsfindung und erhöht ihre Nachvollziehbarkeit.

3 Vertragliche Regelungen

3.1 Einführung

Wenn der Anwender Software in so großem Umfang beschafft, dass er selbst Regelungen durchsetzen kann, wird er in der Regel zumindest auch anwenderspezifische Anpassungsprogrammierung verlangen. Die nachfolgenden Punkte gehen daher davon aus, dass ein gesamtes IT-System mit Software und auch Hardware beschafft wird, wobei die Software zumindest zum Teil anwenderspezifisch programmiert wird. Wenn keine Hardware beschafft wird, gelten die nachfolgenden Ausführungen praktisch genauso; auf Besonderheiten haben wir hingewiesen.

Soweit der Anwender Standardsoftware in nur geringem Umfang beschafft (z.B. Bürosoftware), wird der Lieferant meist nicht oder nur in geringem Umfang bereit sein, über seine Verkaufsbedingungen zu verhandeln; der Anwender ist dann durch das AGB-Recht weitgehend geschützt. Das gilt allerdings nur eingeschränkt, soweit der Lieferant seinen Sitz im Ausland hat, insbesondere außerhalb der EU. Hier hilft nur, ggf. auf einen anderen Lieferanten auszuweichen. Sollte der Anwender ausnahmsweise Standardsoftware ohne Anpassungsprogrammierung in so großem Umfang beschaffen, dass er die Regelungen selbst durchsetzen oder die Bedingungen des Lieferanten zumindest maßgeblich verhandeln kann, gelten die nachfolgenden Regelungen weitgehend ebenso, allerdings entfallen einige Regelungen der Natur der Sache nach weitgehend (z.B. Erarbeitung der Lösung und Phasenbildung).

Besonderheiten von Mietverträgen werden in Kapitel 5 behandelt, da Cloud Computing etc. rechtlich in der Regel dem Mietvertragsrecht unterfällt. Besonderheiten bei agiler Softwareentwicklung werden in Kapitel 4 behandelt.

3.2 Die Leistung definieren

Entscheidend ist, die Leistung genau zu definieren. Denn von der Definition der Leistung hängt u.a. ab, wann ein Mangel im Rechtssinne vorliegt, der Anwender also Rechte geltend machen kann. Der Gesetzgeber nennt das heute Rechte wegen Mängeln, in der Praxis ist der Begriff Gewährleistungsrechte noch weit verbreitet.[8]

---

[8] Zur geschuldeten Beschaffenheit siehe *Gestaltung und Management von IT-Verträgen*, Kap. 7.1.1 und 7.2.1.

© Springer-Verlag GmbH Deutschland, ein Teil von Springer Nature 2022
M. Erben, W. G. H. Günther, *Beschaffung von IT-Leistungen*,
https://doi.org/10.1007/978-3-662-65077-6_3

Beispiel:

Das identische Zeitverhalten eines Programms kann je nach Anforderung mangelfrei oder mangelhaft sein.

Handelt es sich um ein umfangreiches Projekt, sollte darauf geachtet werden, dass klargestellt wird, dass der Anwender nur Interesse an dem Gesamtprojekt hat. Eine Regelung kann bei einem umfangreicheren Projektvertrag über die Lieferung einer IT-Anlage z.B. wie folgt aussehen:

Beispiel:

„X.1 Gegenstand dieses Vertrags ist die Herstellung, Lieferung und Einführung von ANLAGE für BEZEICHNUNG. Der Lieferant wird diese in verschiedenen Phasen gem. § Y dieses Projektvertrags unter Berücksichtigung der Anforderungen von ANWENDER auf Grundlage von BASIS-KOMPONENTEN herstellen und bei ANWENDER installieren und implementieren.

X.2 Dieser Vertrag unterliegt dem Werkvertragsrecht. Die Vertragspartner sind sich einig, dass für ANWENDER nur das GESAMTSYSTEM/GESAMTANLAGE von Interesse ist und ANWENDER an Teilleistungen deshalb nur insoweit Interesse hat, wie diese für das GESAMTSYSTEM sinnvoll und notwendig sind und für die zusätzlich von ANWENDER als für sich verwertbare Teilleistungen gem. § Z dieses Vertrags die Teilabnahme erklärt wird.

X.3 Der Lieferant wird GESAMTSYSTEM so konzipieren und realisieren, dass es dem Stand der Technik für ein SYSTEMBESCHREIBUNG für einen TÄTIGKEITSBEZEICHNUNG ANWENDER entspricht. Das GESAMTSYSTEM wird alle für einen TÄTIGKEITSBEZEICH-NUNG ANWENDER im Rahmen der Detailkonzepte zu diesem Vertrag vereinbarten sowie nach der gewöhnlichen Verwendung vorausgesetzten Funktionen, Merkmale und Eigenschaften aufweisen. "

Details der Leistung werden sinnvollerweise in einer Anlage zum Vertrag geregelt, auf die der Vertrag dann verweist („Spezifikation", „Leistungsbeschreibung").

3.2.1   Erarbeitung der Lösung

Wenn die Leistung noch nicht genau feststeht, weil der Anwender eine Lösung für seine Problemstellung erst sucht, muss geregelt werden, wie die Lösung gefunden wird und wer dafür zuständig ist. Dabei soll darauf geachtet werden, auch zu regeln, wer für die endgültige Konkretisierung der Aufgabenstellung zuständig ist. Ohne Regelung ist zwar grundsätzlich der Lieferant zuständig, der Anwender muss aber mitwirken (Informationen liefern). Da man dies aber auch anders sehen kann, sollte das im Vertrag geregelt werden.

Ferner ist zu regeln, ob der Lieferant verpflichtet ist, eine Spezifikation (Pflichtenheft) zu liefern und ob es dafür zusätzliche Vergütung gibt. Ohne Regelung hat der Lieferant eher keinen Anspruch auf Vergütung, weil es zum Stand der Technik gehört, eine Spezifikation zu liefern. Der Anwender sollte sich aber nicht darauf verlassen, sondern das vertraglich regeln.

Auch muss geregelt werden, ob der Anwender bei der Erstellung der Spezifikation mitwirken[9] muss und ob der Lieferant verpflichtet ist, die vertragsgemäß gelieferte Spezifikation zu genehmigen. Ohne Regelung wird man davon wohl ausgehen müssen.

3.2.1.1 Leistung steht noch nicht genau fest

Wenn die Leistung noch nicht genau feststeht, kann die Regelung wie folgt aussehen:

Beispiel:

„X.1 Die Vertragspartner sind sich darüber einig, dass das gem. diesem Vertrag zu realisierende GESAMTSYSTEM im Zeitpunkt des Abschlusses dieses Vertrags anhand der funktionalen Anforderungen nur grob umschrieben ist, sodass die Anforderungen und technischen Spezifikationen an das Anwendungssystem im Zuge der Projektdurchführung im Einzelnen noch entwickelt und in Detailkonzepten festgelegt werden müssen.

X.2 Soweit die Festlegungen und Spezifikationen in diesem Vertrag noch nicht erfolgt sind, werden die Vertragspartner diese gem. den nachfolgenden Zielen bzw. Vorgaben in der nachfolgenden Rangfolge gem. ihrer Bedeutung (top down) einvernehmlich in Detailkonzepten spezifizieren. Dabei muss jedes der Detailkonzepte neben der Spezifikation der inhaltlichen Anforderungen je Teilprojekt auch einen festen Termin für die Abnahme des Teilprojekts sowie einen festen Pauschalpreis für dieses Teilprojekt enthalten."

3.2.1.2 Detaillierung der Anforderungen

Auch wenn die Leistung schon weitgehend feststeht, hat der Anwender meist nicht das Know-how, um die Details der Anforderungen allein zu definieren. Der Lieferant soll für ihn daher diese Aufgabe übernehmen, aber der Anwender soll die letzte Entscheidungskompetenz haben. Das kann wie folgt geregelt werden:

Beispiel:

„Soweit es erforderlich ist, die Anforderungen von ANWENDER im Vertrag zu detaillieren, tut der Lieferant das mit Unterstützung von ANWENDER, erstellt ein Detailkonzept darüber und legt es ANWENDER zur Genehmigung vor. ANWENDER wird dazu innerhalb von 14 Tagen schriftlich Stellung nehmen. Das genehmigte Detailkonzept ist

---

[9] Zu Mitwirkungspflichten siehe S. 29.

verbindliche Vorgabe für die weitere Arbeit. Bei Bedarf wird der Lieferant es im Laufe von dessen Umsetzung in Abstimmung mit ANWENDER verfeinern."

3.2.2 Einhaltung der Entwicklungs- und Dokumentationsrichtlinien

Soweit vorhanden, soll der Lieferant die Entwicklungs- und Dokumentationsrichtlinien des Anwenders einhalten. Das kann wie folgt geregelt werden:

Beispiel:

„Soweit nichts anderes vereinbart ist, wird der Lieferant die Entwicklungs- und Doku-mentationsrichtlinien von ANWENDER in der jeweils bei Beginn eines Einzelauftrags geltenden Fassung einhalten."

3.2.3 Nutzungsrechte

3.2.3.1 Arten der Nutzungsrechte

Zur Definition der Leistung gehört die Definition der Nutzungsrechte an der Software.[10] Denn wenn die Nutzungsrechte nicht definiert werden, richtet sich die Übertragung nach § 31 Abs. 5 UrhG, der sog. Zweckübertragungsregel:

„Sind bei der Einräumung eines Nutzungsrechts die Nutzungsarten nicht ausdrücklich einzeln bezeichnet, so bestimmt sich nach dem von beiden Partnern zugrunde gelegten Vertragszweck, auf welche Nutzungsarten es sich erstreckt. Entsprechendes gilt für die Frage, ob ein Nutzungsrecht eingeräumt wird, ob es sich um ein einfaches oder ausschließliches Nutzungsrecht handelt, wie weit Nutzungsrecht und Verbotsrecht rei-chen und welchen Einschränkungen das Nutzungsrecht unterliegt."

Wer aber kann schon genau wissen, welchen Vertragszweck beide (!) Vertragspartner zu-grunde gelegt haben?

Hier geht es nicht nur um die Anzahl und Art der in der Praxis als „Lizenzen" bezeichneten **Be**nutzungsrechte, also z.B. um die Frage, ob mehrere Personen eine Lizenz abwechselnd benutzen dürfen, oder z.B., ob die Lizenz an eine bestimmte Person (und ggf. dessen Stell-vertretung) gekoppelt ist („Named User"). Geregelt werden muss vielmehr vor allem auch, welche Nutzungsrechte der Anwender hat, also ob und wann er die Software vervielfältigen darf, ob er sie bearbeiten darf, ob er sie vertreiben darf etc.

---

[10] Zu Nutzungsrechten siehe *Gestaltung und Management von IT-Verträgen*, Kap. 7.4.

Die nachfolgenden weiteren Differenzierungen der Nutzungsrechte können für jedes Nutzungsrecht verschieden vorgenommen werden, also z.B. ausschließliches Bearbeitungsrecht, nicht ausschließliches Vertriebsrecht, letzteres beschränkt auf Deutschland.

3.2.3.2 Ausschließliche oder nichtausschließliche Nutzungsrechte

Ganz wichtig bei Individualprogrammierung ist auch die Regelung, ob der Anwender die Nutzungsrechte ausschließlich bekommt, sie also unter Ausschluss aller anderen (ggf. auch des Lieferanten) exklusiv nutzen darf, oder ob der Anwender nur nichtausschließliche, sog. einfache, Nutzungsrechte bekommt, also der Lieferant die Software auch Dritten verkaufen kann.

Wenn der Lieferant bei Individualprogrammierung dem Anwender nur nichtausschließliche Nutzungsrechte einräumen möchte, sollte der Anwender zunächst prüfen, ob er überhaupt bereit ist, das zu akzeptieren, oder ob er die Software z.B. gerade wegen eines dadurch erhofften Vorsprungs vor den Wettbewerbern ausschließlich nutzen können möchte.[11]

Wenn der Anwender bereit ist, nichtausschließliche Nutzungsrechte zu akzeptieren, muss das deutliche Auswirkungen auf den Preis haben. Denn der Lieferant kann die für den Anwender entwickelte Software dann anderen Anwendern verkaufen, die Software wird also zu Standardsoftware und sollte dann auch entsprechend bepreist werden. In der Praxis kommt auch das Modell vor, dass der Anwender am Verkaufserfolg der (letztlich von ihm ja mitentwickelten) Software durch Umsatzbeteiligung o.ä. partizipiert.

Eine Regelung, die alle Nutzungsrechte umfasst und dem Anwender ausschließliche und übertragbare Rechte einräumt, könnte wie folgt formuliert werden:

Beispiel:

> *„Soweit urheberrechtliche Nutzungsrechte an den Arbeitsergebnissen entstehen, überträgt der Lieferant diese mit deren Entstehen ANWENDER laufend zur ausschließlichen Nutzung und stimmt deren Übertragung an Kunden zu; der Lieferant wird die Arbeitsergebnisse für ANWENDER bis zur Übergabe verwahren.*
>
> *Durch die Vergütung nach § X sind auch Ansprüche wegen der Verwertung der Arbeitsergebnisse nach Beendigung der Zusammenarbeit abgegolten."*

3.2.3.3 Beschränkung der Nutzungsrechte

Der Lieferant wird die Nutzungsrechte ggf. noch weiter einschränken und sie z.B. sachlich beschränken (z.B. kein Einsatz in der Luftfahrt). In der Regel wird der Lieferant eine Nutzung im Rechenzentrum für Dritte ausschließen. Als Anwender sollte man hier verlangen,

---

[11] Zur Geheimhaltung siehe S. 50 und zum Know-how siehe S. 52.

dass zumindest eine Nutzung im Rechenzentrum für Unternehmen der eigenen Unternehmensgruppe erlaubt ist.

Der Lieferant kann die Nutzungsrechte auch örtlich (Nutzung nur in Deutschland, nur auf dem Unternehmensgelände des Anwenders, nicht in den USA etc.) und zeitlich beschränken. Der Anwender muss also genau prüfen, ob die Nutzungsrechte den von ihm geplanten Einsatz der Software erlauben.

Eine zeitliche Beschränkung führt rechtlich dazu, dass ein Mietvertrag über die Software vorliegt und kein Kaufvertrag bzw. Werkvertrag. Zum Kaufvertrag und Werkvertrag im Folgenden; zum Mietvertrag siehe S. 71.

3.2.3.4   Open Source Software (OSS)

Lieferanten werden in ihrer Software in der Regel auch Open Source Software (OSS) verwenden, also eine Software, die von Dritten erstellt wurde und der Allgemeinheit in der Regel kostenfrei zur Nutzung und Bearbeitung zur Verfügung gestellt wird, aber eben nur zu den Bedingungen des Dritten. Da jeder Ersteller einer Software die Bedingungen selbst festlegen kann, zu denen er seine Software weitergibt, gibt es eine Vielzahl von OSS-Bedingungen. Sehr bekannt sind etwa die GPL und die BSD, von denen es jeweils wieder mehrere Versionen gibt. Die Ersteller der OSS verlangen in ihren Bedingungen zum Teil nur, dass bei Weitergabe der Software ihr Name genannt wird, zum Teil verlangen sie aber auch, dass bei Weitergabe der OSS derjenige, der die Software bearbeitet, seine eigene Software ebenfalls unter die OSS stellt, also ebenfalls der Allgemeinheit zur Nutzung und zur Bearbeitung zur Verfügung stellt.

Der Lieferant muss den Anwender vor Vertragsschluss auf die Nutzung von OSS hinweisen. Denn anderenfalls kann der Anwender davon ausgehen, dass für die Software nur die Vereinbarungen über die Nutzungsrechte an der vom Lieferanten selbst erstellten Software gelten.

Die Nutzung von OSS wird der Anwender zum Großteil akzeptieren müssen, denn die Alternative wäre, dass der Lieferant eine eigene Software entwickelt, für die dann der Anwender die Entwicklungskosten tragen müsste, was der Anwender meist nicht will. Wenn aber der Anwender die Software z.B. seinerseits weiterentwickeln will und dann ggf. sogar Dritten zur Verfügung stellen will, muss er darauf achten, ob und unter welchen Voraussetzungen die jeweiligen Bedingungen der OSS eine Weitergabe und/oder Bearbeitung gestatten (manchmal ist auch nur eine Weitergabe, aber keine Bearbeitung erlaubt), denn es kann sein, dass die OSS-Bedingungen vorschreiben, dass der Anwender seine Bearbeitung der Allgemeinheit zur Nutzung und Bearbeitung zur Verfügung stellen muss. Dabei wird z.T. in den OSS-Bedingungen auch eigene Software des Anwenders als bearbeitete Software definiert, wenn sie mit der OSS zusammengefügt wird, so dass der Anwender dann seine gesamte eigene Software der Allgemeinheit zur Nutzung und Bearbeitung zur Verfügung stellen muss (!). Das wird der Anwender in der Regel nicht akzeptieren wollen, so dass er dann mit dem Lieferanten darüber verhandeln muss, eine OSS mit solchen Bedingungen durch eine (in der Regel kostenpflichtige) Alternative zu ersetzen.

Aber es gibt auch andere Restriktionen in OSS, die der Anwender beachten muss. Z.B. kann verboten sein, dass der Anwender die OSS – und damit die gesamte Software, in der die OSS integriert ist – über ein Netzwerk zur Verfügung stellt.

Es muss also immer geprüft werden, ob OSS verwendet werden darf und ob es Konflikte zum gewünschten Einsatzzweck gibt.

Ggf. kann man sich die Eignung der OSS für den konkreten Einsatzzweck vom Lieferanten bestätigen lassen, aber wenn die Bestätigung falsch ist, muss der Anwender dennoch gegenüber dem Ersteller der OSS haften und muss dann den Lieferanten erst einmal in Regress nehmen (z.B. auf Freistellung von Ansprüchen des OSS-Erstellers).

3.3 Den Vertrag als Werkvertrag definieren

Bei IT-Beschaffungsverträgen auf der Grundlage von Standardleistungen unterliegen regelmäßig einzelne Leistungen dem Werkvertragsrecht, andere dem Kaufvertragsrecht bzw. Werklieferungsvertragsrecht.[12]

Das Werkvertragsrecht bietet dem Anwender deutlich mehr Vorteile rechtlicher Art.[13] Es ist auch der geeignete Vertragstyp, weil es dem Anwender auf den Gesamterfolg: Lieferung, Installation und Einführung eines abnahmereifen IT-Anwendungssystems einschließlich aller dazugehörigen Leistungen ankommt (das führt nach der Rechtsprechung auch zur Anwendung von Werkvertragsrecht statt zu einem sog. Werklieferungsvertrag, für den weitgehend Kaufvertragsrecht gelten würde). Deshalb soll die Geltung von Werkvertragsrecht insgesamt vereinbart werden:

Beispiel:

„Dieser Vertrag unterliegt insgesamt dem Werkvertragsrecht."

Problematisch kann dies werden, wenn der Lieferant ein Unternehmen mit US-Börsennotierung ist. Denn nach US-Bilanzregeln darf der Lieferant dann den Umsatz in der Regel erst nach Ende der Gewährleistungsfrist bilanzieren (nach deutschem Recht (Bilanzierung nach HGB) darf der Lieferant in der Regel erst nach Abnahme bilanzieren). Daher versuchen solche Lieferanten den Vertrag als Dienstvertrag abzuwickeln, indem sie diesen als Dienstvertrag bezeichnen und strukturieren (was nicht heißt, dass es sich dann rechtlich auch tatsächlich um einen Dienstvertrag handelt). Je nach Verhandlungsmacht muss der Anwender das dann ggf. so hinnehmen. Er sollte sich allerdings steuerrechtlich gut beraten lassen. Denn wenn der Vertrag tatsächlich trotz der abweichenden Bezeichnung und Strukturierung ein

---

[12] Zur Abgrenzung Kaufvertrag und Werkvertrag siehe *Gestaltung und Management von IT-Verträgen*, Kap. 6.1.

[13] Siehe S. 32.

Werkvertrag ist, muss der Anwender die Leistung auch so (in der Regel über fünf Jahre) abschreiben und darf das nicht etwa (wie es bei einem Dienstvertrag in der Regel möglich wäre), sofort tun.

3.4   Absicherungen der Leistung

Die Vorgaben für den Lieferanten müssen möglichst klar und damit überprüfbar sein.

3.4.1   Antwortzeiten

Beispielsweise will der Anwender beim Leistungsverhalten keine übermäßig langen Antwortzeiten hinnehmen müssen:

Beispiel:

> *„Die interne Leistung des IT-Systems ist so bemessen, dass bei X aktiven Dialogteilnehmern in 95 % aller Fälle eine Antwortzeit für einfache Verarbeitungsschritte von maximal 2-3 Sekunden erreicht wird."*

3.4.2   Inhalt der Standardprogramme

Da nicht sicher ist, ob das dem IT-Beschaffungsvertrag zugrundeliegende Standardprogramm alle branchenüblichen Funktionen als gewöhnlichen Gebrauch beinhalten muss, empfiehlt es sich, das abzusichern:

Beispiel:

> *„Alle für den Einsatz in _____ und/oder _____ üblichen Programmfunktionen sind vorhanden."*

3.4.3   Vertrag widerruflich abschließen zur Absicherung der Leistung

Schließlich kann der Anwender den Vertrag für sich widerruflich abschließen, siehe dazu im Einzelnen nachfolgenden Abschnitt.

3.5   Widerruflicher Vertrag

Denkbar, aber ein scharfes Schwert ist es, den Vertrag so abzuschließen, dass der Anwender diesen nach einer Testphase widerrufen kann. Auch ist fraglich, ob sich der Lieferant darauf einlässt. Gute Lieferanten werden zwar weniger befürchten, dass der Anwender von der

Widerruflichkeit wegen der Qualität der Leistung Gebrauch macht. Es besteht aber immer das Risiko, dass der Anwender aus anderen Motiven sein Widerrufsrecht ausübt, z.B., weil er sein Geschäftsmodell geändert hat. Möglicherweise verschrecken Sie so also gute Lieferanten und bekommen Angebote nur von solchen Lieferanten, die dringend auf den Auftrag angewiesen sind.

Beispiel:

„ANWENDER hat ein Widerrufsrecht bis DATUM. Es wird erst einmal eine Basiskonfiguration installiert und die Einsatzvorbereitung so weit durchgeführt, dass ANWENDER entscheiden kann, ob er das Widerrufsrecht ausüben will. Übt ANWENDER das Widerrufsrecht aus, zahlt er die bis dahin erbrachten Unterstützungsleistungen. Außerdem behält er SYSTEMKOMPONENTEN / ANWENDUNGSKOMPONENTEN und bezahlt diese Leistungen."

3.6   Projektleitung

3.6.1   Phasenbildung

Zur Projektleitung gehört – auch als Absicherung der Leistung – die Phasenbildung! Der Anwender soll daher Meilensteintermine vereinbaren. Die Zahlungen sollen an diese Meilensteintermine und erfolgte (Teil-)Abnahmen geknüpft werden.[14]

Ferner kann der Anwender ein Widerrufsrecht vereinbaren[15], für den Fall, dass ein Meilenstein nicht rechtzeitig fertig wird (evtl. etwas abgeschwächt dadurch, dass der Anwender dem Lieferanten erst eine Nachfrist setzen muss).

Der Anwender sollte zudem (Teil-)Rücktrittsrechte vereinbaren, d.h., der Vertrag wird nicht insgesamt widerrufen, aber teilweise rückgängig gemacht.

Beispiel:

„X.1 Der Projektleiter von ANWENDER und der Projektleiter des Lieferanten werden sich in allen Fragen der technischen und organisatorischen Abwicklung und Durchführung des Projekts einschließlich der Abnahme abstimmen. Können der Projektleiter von ANWENDER und der Projektleiter des Lieferanten sich nicht innerhalb angemessener Frist einigen, ist die Frage unverzüglich dem Lenkungsausschuss zur Entscheidung vorzulegen.

---

[14] Zur entsprechenden Vergütungsregelung siehe unten S. 38.

[15] Dazu auch unten S. 25.

X.2 Der Projektleiter von ANWENDER und der Projektleiter des Lieferanten halten re-
gelmäßig nach Bedarf, mindestens jedoch alle drei (3) Wochen, Projektleiter-Meetings
ab. Die Projektbesprechungen dienen der Unterrichtung von ANWENDER und der Ent-
scheidung anstehender Fragen. Der Lieferant wird ANWENDER drei (3) Tage vorher
einen schriftlichen Bericht über die abgelaufene Periode sowie die Konkretisierung
des Zeit- und Arbeitsplans für die nächsten drei (3) Wochen als Besprechungsgrundlage
übergeben.

X.3 Über die Projektbesprechungen führen die Projektleiter von ANWENDER und Lie-
ferant abwechselnd Protokoll. Das Protokoll wahrt die Schriftform. Es gilt als geneh-
migt, wenn der jeweils andere Vertragspartner nicht innerhalb von fünf (5) Werkta-
gen, gerechnet ab Eingang des Protokolls, schriftlich widerspricht (E-Mail genügt)."

3.6.2 Informationspflichten

Bei kleineren Projekten kann es ggf. genügen, dem Lieferanten regelmäßige Informationspflichten über den Projektfortschritt und über evtl. aufgetretene Probleme aufzuerlegen, ggf.
verbunden mit der Pflicht, sinnvolle Änderungen anzuregen.

3.6.3 Deeskalationsmechanismen

Weiter sollten Deeskalationsmechanismen zur Absicherung der Leistung vorgesehen werden. Diese können z.B. bestehen aus Projektleiter-Meetings, Lenkungsausschuss-Sitzungen
und Protokollen.

Beispiel:

„X.1 Können sich die Vertragspartner bei technischen und/oder wirtschaftlichen Fra-
gen, die die Konkretisierung von Anforderungen und Spezifikationen betreffen, insb.
bei den Festlegungen gem. § A.1 sowie bei Fragen nicht einigen, findet folgendes Es-
kalationsverfahren Anwendung:

X.2 Können sich die Vertragspartner auf operativer Ebene, insb. im Rahmen des Teil-
projektteams nicht einigen, werden sie mit dieser Frage zunächst die Projektleitung
(siehe § Y.1) befassen. Kommt auch in der Projektleitung keine Einigung zustande, ist
jeder Projektleiter berechtigt, die Frage dem Lenkungsausschuss (siehe § Y.2) vorzu-
legen. Der Lenkungsausschuss wird sodann über diese Frage so schnell wie möglich
beraten. Jedes Lenkungsausschuss-Mitglied ist berechtigt, hierfür auch eine außeror-
dentliche Lenkungsausschuss-Sitzung einzuberufen.

X.3 Kommt auch im Lenkungsausschuss keine Einigung zustande, ist jedes Lenkungs-
ausschuss-Mitglied berechtigt, die Frage der gem. § Z.1 bestellten Schiedsperson zur
Entscheidung vorzulegen. Die Schiedsperson soll so schnell wie möglich, jedenfalls
aber innerhalb von maximal zwei (2) Wochen, ein Schiedsgutachten erstellen, das eine
Empfehlung über die betreffende Frage beinhaltet. Die Frist kann auf Wunsch der

Schiedsperson in begründeten Einzelfällen nur einvernehmlich zwischen den Vertragspartnern angemessen verlängert werden. Die Entscheidung der Schiedsperson ist für beide Vertragspartner bindend.

X.4 Die Vorgaben gem. § A.1 sind auch für die Entscheidung der Schiedsperson bindend.

X.5 Diejenigen Leistungspflichten des Lieferanten oder Mitwirkungspflichten von ANWENDER, die unmittelbar auf der zu entscheidenden Frage beruhen, sind für die Dauer des Eskalationsverfahrens, beginnend mit Anzeige der Problematik beim Teilprojektteam bis zur endgültigen Entscheidung, aufgeschoben. "

3.6.4 Entscheidungskompetenz des Projektleiters

Der Projektleiter des Lieferanten soll Entscheidungskompetenz haben oder die Entscheidung schnell herbeiführen können. Andernfalls droht bei Problemen, dass das ganze Projekt zum Stillstand kommt, weil die entscheidungsbefugten Personen nicht greifbar sind oder keine zeitnahe Entscheidung herbeiführen (können).

Aus ähnlichen Gründen ist es sinnvoll, einen Ansprechpartner des Anwenders zu benennen, aber auch zu regeln, dass dieser bei Problemen tatsächlich eingeschaltet werden *muss*.

Beispiel:

Der Lieferant benennt einen Projektleiter, ANWENDER einen Ansprechpartner. Diese können Entscheidungen treffen oder unverzüglich herbeiführen. Der Projektleiter des Lieferanten soll Entscheidungen schriftlich festhalten. Der Ansprechpartner steht dem Lieferanten für notwendige Informationen zur Verfügung. Der Lieferant ist verpflichtet, den Ansprechpartner einzuschalten, wenn und soweit die Durchführung des Vertrags dies erfordert.

3.7 Verfügbarkeit von Mitarbeitern

Viele Projekte geraten in die Schieflage, weil Mitarbeiter und/oder Projektleiter des Lieferanten ausgetauscht werden. Dem kann man teilweise einen Riegel vorschieben, indem ein Termin für die Abnahme abgesichert durch Vertragsstrafe vereinbart wird.

Darüber hinaus will der Anwender aber auch regeln, dass der Lieferant seine Schlüssel-Mitarbeiter nicht einfach austauschen darf.

Beispiel:

„Der Projektleiter und die weiteren namentlich benannten Berater des Lieferanten dürfen nicht gegen andere Mitarbeiter ausgetauscht werden, solange diese dem Lieferanten in ihrer bisherigen Funktion zur Verfügung stehen. Tauscht der Lieferant andere Mitarbeiter aus, trägt er die Einarbeitungskosten. "

3.8   Einsatz von Unterauftragnehmern

Der Anwender möchte grundsätzlich, dass der Lieferant die Leistung selbst erbringt und nicht durch Unterauftragnehmer erbringen lässt, denn er hat den Lieferanten in der Regel auch wegen seines Vertrauens in dessen Leistungsfähigkeit und Qualität ausgesucht. Andererseits kann der Lieferant aus Kapazitätsgründen oder, v.a. bei der Lieferung ganzer IT-Systeme, auch mangels entsprechenden Know-hows etc., häufig nicht alle Leistungen erbringen; die Zulassung von Unterauftragnehmern ist insoweit Spiegelbild zur Forderung, dass der Lieferant Generalunternehmer sein soll.[16]

Unterauftragnehmer sollten daher im Vertrag nicht ausgeschlossen werden, aber nur mit Zustimmung des Anwenders eingesetzt werden dürfen.

Beispiel:

„Der Lieferant darf Unterauftragnehmer nur mit vorheriger schriftlicher Zustimmung von ANWENDER einsetzen."

3.9   Vertragsstrafen für Verzug

Häufig halten Lieferanten die vereinbarten Termine nicht ein. Viele Lieferanten bieten von sich aus für diesen Fall Zahlung einer Vertragsstrafe an. Ist dem nicht so, sollte der Anwender auf jeden Fall eine Vertragsstrafe-Regelung vorsehen, weil der Verzugsschaden, den man als Anwender erleidet, oft nur schwer zu bestimmen ist.[17]

Beispiel:

„Kommt der Lieferant in Verzug, kann ANWENDER für jede angefangene Woche Verzug eine Vertragsstufe von 1% des Wertes derjenigen Leistungen verlangen, die nicht zweckdienlich genutzt werden können, höchstens jedoch _% des Auftragswerts."

Zur Höhe der Vertragsstrafe siehe auch unten S. 48.

---

[16] Siehe dazu oben Kap. 2.1 (S. 16).

[17] Zum Verzug siehe *Gestaltung und Management von IT-Verträgen*, Kap. 5.1.2.4.

3.10   Mitwirkungspflichten und Terminplan

Insbesondere wenn der Lieferant Software erstellen soll, hat der Anwender gewisse Mitwirkungspflichten.[18]

3.10.1   Bestimmung der Mitwirkungspflichten

Damit klar ist, welche Mitwirkungspflichten der Anwender hat, kann das im Einzelnen geregelt werden[19]. Oft ist das aber im Voraus noch nicht klar. Um Streit zu verhindern, kann daher vorgesehen werden, wie die Mitwirkungspflichten bestimmt werden. Gleichzeitig soll klar sein, dass der Anwender die Mitwirkungspflichten nur zu bestimmten Zeitpunkten erbringen muss. Das kann mit einer Terminplanung verbunden werden.

Beispiel:

„Auf der Grundlage der vereinbarten Termine wird der Lieferant auf Wunsch von AN-WENDER in Abstimmung mit ANWENDER zu Beginn der Arbeiten einen schriftlichen Zeit- und Arbeitsplan aufstellen und diesen - zunehmend detailliert - fortschreiben.

Der Zeit- und Arbeitsplan soll es ANWENDER ermöglichen, die eigenen Ressourcen detailliert zu planen. Der Lieferant wird ggf. notwendige Arbeitspakete für die Mitarbeiter von ANWENDER definieren. ANWENDER wird entsprechend dem Zeit- und Arbeitsplan mitwirken.

Der Lieferant wird ANWENDER anhand dieses Planes regelmäßig über den Stand der Arbeiten unterrichten."

3.10.2   Folgen von Verletzungen der Mitwirkungspflichten

Wenn der Anwender seine Mitwirkungspflichten verletzt[20], tritt kein Verzug des Lieferanten ein, auch wenn er die Leistung nicht fristgemäß erbringt. Die Beweislast dafür, dass der Anwender eine Mitwirkungspflicht verletzt hat, trägt allerdings der Lieferant.

Der Lieferant kann zudem den ihm durch Mitwirkungspflichtverletzungen des Anwenders entstehenden Mehraufwand gemäß dem Gesetz ersetzt verlangen. Eine Grenze hierfür ist nach Treu und Glauben nur entweder ein nur geringfügiger Mehraufwand oder eine nur geringe Pflichtverletzung durch den Anwender.

---

[18] Vgl. *Gestaltung und Management von IT-Verträgen*, Kap. 5.1.2.8.

[19] Vgl. *Gestaltung und Management von IT-Verträgen*, Kap. 5.1.2.8.

[20] Vgl. *Gestaltung und Management von IT-Verträgen*, Kap. 5.1.2.8.

Die Verletzung von Mitwirkungspflichten durch den Anwender ist normalerweise die einzige gesetzliche Möglichkeit für den Lieferanten – außer der unberechtigten Nichtzahlung durch den Anwender –, sich von einem Vertrag zu lösen. Der Lieferant muss dazu nach dem Gesetz:

- dem Anwender die unterlassene Mitwirkungshandlung benennen,

- eine angemessene Frist zur Nachholung der Handlung setzen und

- für den Fall der weiteren Nichtvornahme die Kündigung des Vertrags androhen (ein ausdrückliches Androhen der Kündigung ist jedenfalls der rechtssicherste Weg).

Der Anwender will daher den Komplex Mitwirkungspflichtverletzungen und Kündigungsrechte restriktiv gestalten, z.B. Rechte für den Lieferanten an bestimmte Voraussetzungen knüpfen, etwa allein dem Anwender zurechenbare Pflichtverletzungen o.Ä. Daher will der Anwender die Rechte einschränken, die der Lieferant hat, wenn der Anwender seinen Mitwirkungspflichten nicht ausreichend nachkommt. Das kann etwa wie folgt geschehen:

Beispiel:

„X.1 Kommt ANWENDER den Mitwirkungspflichten von ANWENDER nach Ansicht des Lieferanten nicht zeitgerecht oder nicht vollständig nach, wird der Lieferant dies schriftlich (E-Mail genügt) beim Projektleiter von ANWENDER anzeigen. Dabei wird der Lieferant die ausbleibenden Leistungen von ANWENDER konkret benennen und spezifizieren, sodass der Projektleiter von ANWENDER diese Leistungen nachvollziehen und deren Nachholung anordnen kann. Holt ANWENDER eine notwendige Mitwirkungsleistung nicht innerhalb von zwei (2) Wochen ab Eingang der detaillierten Anzeige nach und liegen diese Leistungen auf dem ‚kritischen Pfad‘, sodass der Lieferant dadurch an der Einhaltung von Zwischenterminen oder eines pönalisierten Termins gehindert wird, ist der Lieferant berechtigt, eine Änderung des Terminplans, ggf. auch eine Verschiebung des pönalisierten Termins, zu verlangen.

X.2 Gerät ANWENDER mit einer Mitwirkungsleistung mehr als zwei (2) Wochen ab Eingang der detaillierten Anzeige in Verzug und handelt es sich um eine für die Erbringung der Leistungen des Lieferanten wesentliche Voraussetzung, ist der Lieferant auch berechtigt, den Vertrag nach neuerlicher schriftlicher Aufforderung an den Projektleiter von ANWENDER sowie unter Setzung einer Nachfrist von mindestens zwei (2) weiteren Wochen mit Wirkung für die Zukunft zu kündigen. In diesem Fall wird das Projekt gem. § Y abgerechnet, alle anderen Ansprüche des Lieferanten sind ausgeschlossen.

X.3 Es liegt keine Verletzung einer Mitwirkungsleistung durch ANWENDER vor, soweit ANWENDER die Unterlassung einer gebotenen Mitwirkungshandlung oder die Vornahme einer nicht gebotenen Mitwirkungshandlung nicht zu vertreten hat.

X.4 Ist strittig, ob ANWENDER den Mitwirkungspflichten von ANWENDER in ausreichendem Maße nachgekommen ist, werden die Vertragspartner diese Frage dem Lenkungsausschuss zur endgültigen Entscheidung vorlegen. Entscheidet der Lenkungsausschuss, *dass eine Mitwirkungspflichtverletzung vorliegt, hat der Lieferant ggf. Anspruch auf Neufestlegung der vereinbarten Termine."*

Der Anwender sollte trotz einer solchen Regelung generell darauf achten, möglichst keine (groben) Mitwirkungspflichtverletzungen zu begehen.

3.11 Installation ohne zusätzliche Vergütung vereinbaren

Für den Anwender ist es wichtig, dass die erstellte Software auch auf seinem System läuft. Daher soll der Lieferant auch zur Installation verpflichtet werden.

Beispiel:

„Der Lieferant wird die Programme auf Wunsch von ANWENDER installieren. ANWENDER wird die Installation schriftlich bestätigen."

Diese Regelung hilft auch dabei, den Vertrag insgesamt als Werkvertrag[21] (statt teilweise als Werklieferungsvertrag) einzuordnen.

Gleichzeitig soll der Lieferant aus Sicht des Anwenders keine zusätzliche Vergütung für die Installation verlangen dürfen. Diese Regelung sollte an anderer Stelle im Vertrag, nämlich dort, wo auch im Übrigen die Vergütung geregelt wird[22], formuliert werden.

Beispiel:

„Unterstützungsleistungen (insb. Installation, Einweisung / Schulung, Einsatzberatung) werden nur dann gesondert vergütet, wenn das ausdrücklich vereinbart worden ist."

3.12 Die Abnahme vorsehen

Auch wenn Werkvertragsrecht Anwendung findet[23], ist es für den Anwender äußerst wichtig, eine Gesamt-Abnahme für alle Leistungen vorzusehen.[24] Denn erst mit erfolgter Abnahme wird der Vergütungsanspruch des Lieferanten fällig, dreht sich die Beweislast um – nach Abnahme muss der Anwender von ihm behauptete Mängel beweisen, vor Abnahme

---

[21] Siehe dazu oben S. 25.

[22] Siehe dazu unten S. 38 ff.

[23] Siehe oben S. 24.

[24] Zur Abnahme siehe *Gestaltung und Management von IT-Verträgen*, Kap. 6.1.2.

muss der Lieferant beweisen, dass er die Leistung vertragsgemäß erbracht hat) –, und beginnt die Verjährungsfrist für Gewährleistungsansprüche zu laufen. Daher hat der Anwender ein Interesse daran, die Abnahme möglichst weit hinauszuschieben, um vorher möglichst alle Leistungen einschließlich ihres Zusammenwirkens überprüfen zu können.

Mindestanforderung muss daher sein, dass der Lieferant die Betriebsbereitschaft des IT-Anwendungssystems nach dessen Installation vorführt und dass der Anwender sodann die erfolgreiche Vorführung bestätigt.

Der Anwender soll auch eine Regelung verlangen, gemäß der eine Abnahmeprüfung mit von ihm aufbereiteten Testfällen, insbesondere auch mit seltenen Fällen, durchgeführt wird, damit er die Anwendungsbreite des Systems überprüfen kann.

Beispiel:

„ANWENDER wird die Vertragsgemäßheit der Leistungen samt Dokumentationen überprüfen und bei Vertragsgemäßheit deren Abnahme erklären. Wenn nichts anderes vereinbart ist, beträgt die Prüffrist sechs (6) Wochen.

Der Lieferant wird ANWENDER innerhalb der ersten zwei (2) Wochen bei der Abnahmeprüfung unterstützen. ANWENDER kann Testfälle dafür stellen. Diejenigen Testdaten und -abläufe, die ANWENDER mindestens zwei (2) Wochen vor der Übergabe der Programme bereitgestellt hat, müssen ohne erhebliche Fehler abgearbeitet werden. Ist das nicht der Fall, gilt die Lieferung erst als erfolgt, wenn diese Fehler beseitigt sind."

Da die Abnahme wegen unwesentlicher Mängel nicht verweigert werden darf, kann es ggf. sinnvoll sein, vorab in einer Abnahmespezifikation Mängelklassen festzulegen, die nicht abnahmehindernd sind und Testfälle zu vereinbaren, die in jedem Fall mangelfrei abgearbeitet werden müssen, anderenfalls die Abnahme verweigert werden kann. Das kann ggf. mit einer Regelung darüber verbunden werden, in welcher Reihenfolge die bei der Abnahme erkannten Mängel abzuarbeiten sind.

Bei der Durchführung des Vertrags ist unabhängig davon zu beachten, dass der Anwender sich (jedenfalls seit der Gesetzesneufassung vom 01.01.18) auf mindestens einen konkreten Mangel berufen muss, wenn der Lieferant unter Fristsetzung zur Abnahme auffordert.

Die Rechtsprechung sieht allerdings in einer Klage auf Zahlung ein Abnahmeverlangen, so dass der Lieferant bei vorheriger Abnahmeverweigerung durch den Anwender alternativ zur Fristsetzung direkt auf Zahlung klagen kann (und nicht erst eine Frist zur Abnahme setzen muss). Der Lieferant wird daher davor gewarnt, „versuchsweise" ins Blaue hinein Mängel zu behaupten. Denn anderenfalls könnte es direkt zum Prozess kommen.

3.13   Gewährleistung nicht nach Gesetz

Das Gesetz ist zwar relativ anwenderfreundlich und nimmt Lieferanten relativ stark in die Pflicht.[25] Dennoch ist es für den Anwender sinnvoll, einiges mehr und manches genauer zu regeln, als es im Gesetz geregelt ist. Das betrifft v.a. die folgenden Punkte:

- Die geschuldete Leistung beschreiben.
- Voraussetzungen für die Mängelbeseitigung aufstellen.
- Art und Weise der Mängelbeseitigung mit Fehlerklassen regeln.
- Ort der Mängelbeseitigung regeln.
- Verjährungsfrist für Mängel (Gewährleistungsfrist) festlegen.
- Rechtsfolgen bei Mängeln regeln.
- Vertragsstrafen zur Absicherung der Mängelbeseitigung festlegen.
- Ggf. sollte der Anwender auch bestimmte Garantien vereinbaren.

3.13.1   Unverzügliche Fehlerbeseitigung

Lieferanten beseitigen Fehler in Programmen häufig und gerne erst im Rahmen der Lieferung einer weiterentwickelten Version im Rahmen der Pflege. Das gilt auch, wenn der IT-Beschaffungsvertrag, wie es regelmäßig der Fall ist, auf Standardleistungen des Lieferanten aufsetzt.

Der Anwender will daher vereinbaren, dass Fehlerbeseitigung unverzüglich geschuldet ist, am besten abgesichert durch Service Level Agreements mit Vertragsstrafe-Verpflichtungen.

Zudem soll der Lieferant sich im Vertrag dazu verpflichten, Umgehungslösungen zu schaffen, damit die Nutzungsbeeinträchtigung weitgehend entschärft wird:

Beispiel für eine kurze Regelung zur Mängelbeseitigung:

„Der Lieferant wird Fehler, die die Benutzung des Gesamtsystems oder eines Teils davon ausschließen oder erheblich erschweren, unverzüglich beseitigen. Soweit erforderlich, wird er unverzüglich eine Umgehungsmaßnahme erarbeiten. Fehler, die die Benutzung zwar beeinträchtigen, aber bis zur Lieferung der nächsten Version hingenommen werden können, brauchen erst in der Lieferung einer nächsten Version beseitigt zu werden. Der Lieferant wird auch für solche Fehler in angemessener Frist eine Umgehungslösung erarbeiten und ANWENDER übermitteln."

---

[25] Zur Gewährleistung allgemein siehe *Gestaltung und Management von IT-Verträgen*, Kap. 7.1.1.

Eine einfache Vertragsstrafenregelung kann dann wie folgt formuliert werden[26]:

Beispiel:

„Überschreitet der Lieferant eine Frist von sechs (6) Arbeitstagen, gerechnet vom Zugang der schriftlichen Mängelmeldung an, zahlt er für jeden weiteren Arbeitstag bis zur Beseitigung des Mangels eine Vertragsstrafe von 0,5 % des Gesamtauftragswerts, höchstens jedoch 10 % des Gesamtauftragswerts. Kann ein Teil der Leistungen wegen des Mangels nicht genutzt werden und wird dadurch die Nutzung der Leistungen insgesamt mehr als nur unerheblich eingeschränkt, beträgt die Frist drei (3) Arbeitstage und die Vertragsstrafe verdoppelt sich. Die Zahlung entfällt, insoweit der Lieferant nachweist, dass er die Frist trotz ordnungsgemäßer Bemühungen nicht einhalten konnte.

ANWENDER kann die Vertragsstrafe(n) bis drei (3) Monate nach dem Ende der Fehlerbeseitigung bzw. nach der Verwirkung der Vertragsstrafe geltend machen."

In größeren Projekten wird die Regelung zur Mängelbeseitigung eher umfangreich ausfallen.

Beispiel:

„X.1 Der Lieferant wird Mängel in angemessener Frist beseitigen. Die angemessene Frist für die Beseitigung von Mängeln beträgt

a) wenn ein Mangel die Weiterverarbeitung verhindert; z.B. Abbruch einer täglich laufenden oder notwendigen Funktion, Datenverlust, Datenzerstörung:

- für die Aufnahme der Mängelbeseitigung einen Arbeitstag;

- für den Abschluss der Mängelbeseitigung maximal ___ Arbeitstage.

b) wenn ein Mangel die Benutzung behindert, eine Weiterverarbeitung aber eingeschränkt möglich ist oder wenn der Mangel falsche Ergebnisse kritischer Daten erzeugt, z.B. Kommastellen falsch auf Formularen, falsche Produktionsmengen:

- für die Aufnahme ___ Arbeitstage;

- für die Beseitigung maximal ___ Arbeitstage.

c) wenn keine schwerwiegende Behinderung vorliegt, erfolgt die Aufnahme des Mängelbildes innerhalb von ___ Arbeitstagen. Der Mangel wird spätestens in der nächsten Version innerhalb der Pflege beseitigt. Erfolgt die Lieferung der nächsten Version innerhalb von ___ Monaten nach der Mängelmeldung, brauchen die Mängel erst in der

---

[26] Zur Höhe der Vertragsstrafe siehe S. 47.

übernächsten Version beseitigt zu werden. Keine schwerwiegende Behinderung liegt bei funktionalen Mängeln vor, die falsche Ergebnisse unkritischer Daten erzeugen. Unkritische Daten sind solche, die nach Behebung des Mangels durch eine Programmkorrektur automatisch richtiggestellt werden, z.B. Kommastelle falsch auf täglich erneut abrufbarer Liste; Endprodukt, mit dem nicht weitergerechnet wird.

X.2 ANWENDER wird seine Einstufung bei der Mängelmeldung mitteilen. Der Lieferant wird unverzüglich widersprechen, wenn der Lieferant diese Einstufung nicht teilt.

X.3 Hält der Lieferant die Frist bei einem Mangel nach a) nicht ein, zahlt der Lieferant Vertragsstrafe für jeden weiteren Arbeitstag bis zur Arbeitsaufnahme bzw. bis zur Mängelbeseitigung in Höhe von EUR _____, bei Mängeln nach b) + c) zahlt der Lieferant EUR _____."

Auf Druck des Lieferanten kann eine Abschwächung aufgenommen werden.

Beispiel:

„X.4 Wenn der Lieferant eine Umgehungslösung bereitstellt, die die Beeinträchtigung so weit beseitigt, dass der Mangel in eine niedrigere Klasse einzustufen ist, richtet sich die Frist für die vollständige Mängelbeseitigung von da an nach der niedrigeren Klasse. Die Zahlung der Vertragsstrafe entfällt, wenn der Lieferant nachweist, dass der Lieferant ab Eingang der Mängelmeldung mit vollem Einsatz an der Mängelbeseitigung gearbeitet hat.

X.5 Die Zahlung ist je Mängelmeldung auf ___ Arbeitstage beschränkt."

3.13.2   Gewährleistungsfrist

Geregelt werden sollte auch, dass die Gewährleistungsfrist[27] gehemmt ist, wenn der Mangel gemeldet wurde. Alles andere würde dazu führen, dass der Anwender zur Sicherheit ein Gerichtsverfahren beginnen müsste, wenn ein Mangel zwar gemeldet, aber noch nicht behoben ist und der Ablauf der Gewährleistungsfrist droht.

Beispiel:

„Die Verjährungsfrist von Rechten wegen Mängeln wird auf Grund der Meldung eines Mangels bis zu dessen Beseitigung gehemmt.

Bei Verzug, Fehlschlagen der Nacherfüllung (der erste Mängelbeseitigungsversuch ist erfolglos geblieben) sowie in dringenden Fällen steht ANWENDER auch das Recht zu, Mängel auf Kosten des Lieferanten zu beseitigen.

---

[27] Zur Gewährleistungsfrist siehe *Gestaltung und Management von IT-Verträgen*, Kap. 7.1.3.

Schlägt die Nacherfüllung fehl, leben die gesetzlichen Rechte von ANWENDER auf Rückgängigmachung des Vertrages oder auf Herabsetzung des Kaufpreises wieder auf."

Die Gewährleistungsfrist soll mindestens die gesetzliche Gewährleistungsfrist betragen, also 24 Monate, auch da die Lieferantenseite doch immer betont, dass Softwarefehler nicht auszuschließen seien. Außerdem will der Anwender den Beginn der Gewährleistungsfrist zeitlich möglichst weit nach hinten verschieben:

Beispiel:

„Die Verjährungsfrist von Rechten wegen Mängeln beträgt 24 Monate. Sie beginnt einheitlich für alle Leistungen mit der letzten Teillieferung."

3.13.3 Abschwächung des Aufwandsersatzes bei unberechtigter Mängelmeldung

Wird der Lieferant aufgrund einer Mängelmeldung tätig, obwohl kein Mangel vorlag, hat er nach allgemeinen rechtlichen Grundsätzen Anspruch auf Ersatz seines Aufwands. Das soll soweit möglich zu Gunsten des Anwenders abgeschwächt werden.

Beispiel:

„Der Lieferant kann die Vergütung seines Aufwands verlangen, soweit er aufgrund einer Mängelmeldung tätig geworden ist, ohne dass ein Gewährleistungsfall nach Abs. X vorgelegen hat. Der Lieferant trägt die Beweislast, falls ANWENDER eine Störung reproduzieren oder direkt oder anhand von Ausgaben darlegen kann."

3.14 Koppelung von Hard- und Software

Der Anwender hat ein Interesse daran, auch die Hardware automatisch zurückgeben zu können, wenn die Software fehlerhaft ist. Bilden Hard- und Software eine einheitliche Leistung, ist das klar. Es ist aber auch möglich, dass Hard- und Software nur zusammengehören. Dann könnte der Anwender nach dem Gesetz die Hardware nur dann zurückgeben, wenn es für den Anwender nachteilig ist, diese zu behalten. Ein solcher Nachteil liegt aber nicht automatisch vor. Denn der Anwender könnte die Hardware einschließlich der Systemsoftware nach erfolgter Lösung vom Vertrag mit dem ersten Lieferanten bzw. dessen Rausschmiss beim zweiten Versuch ja erneut verwenden. Es kann folgender Kompromiss vereinbart werden:

Beispiel:

„Wenn ANWENDER den Vertrag hinsichtlich der Anwendungssoftware wegen Verzugs oder Gewährleistungsansprüchen rückgängig macht, muss er die Hardware und

*(Teile der Systemsoftware) behalten. Er erhält dafür aber eine Rückzahlung von __%
auf den Kaufpreis derjenigen Einheiten, die er behält."*

Treten mehrere Lieferanten auf, bereitet das immer wieder Probleme. Wenn nicht ein Generalunternehmer beauftragt werden soll[28], kann und soll der Anwender vertraglich gegenüber jedem der Lieferanten klarstellen, um was es geht, nämlich, dass die IT-Anlage und die
Anwendungssoftware nur gemeinsam Sinn für den Anwender haben.

Beispiel:

*„Die in diesem Vertrag beschaffte IT-Anlage/Software bildet eine Einheit mit der im
Vertrag mit dem Unternehmen NAME beschafften Software/IT-Anlage. Die Leistungen
sind qualitativ wie bei Leistung aus einer Hand aufeinander abgestimmt, und die Verträge stehen und fallen miteinander."*

3.15   Regelungen zur Vergütung

3.15.1   Preisabdeckungsklausel

Häufig ist entweder das Angebot eines Lieferanten nicht vollständig, sodass darüber hinaus
noch Leistungen erforderlich sind. Oder der Lieferant führt Leistungen im Vertrag auf, über
deren Vergütungspflicht keine Klarheit besteht. Es gibt auch den Fall, dass Leistungen erforderlich sind, die der Lieferant im Angebot nicht eindeutig benannt hat, sodass der Anwender das zum Zeitpunkt des Vertragsabschlusses nicht weiß. Deshalb sollte der Anwender immer eine Preisabdeckungsklausel vorsehen:

Beispiel:

*„Die vereinbarte Vergütung für das Gesamtsystem deckt alle Leistungen ab, die für
die Inbetriebnahme des schlüsselfertigen Systems erforderlich sind, soweit im Vertrag
nicht ausdrücklich Ausnahmen genannt sind."*

---

[28] Siehe dazu oben S. 16.

3.15.2   Späte Zahlungen vereinbaren

Kasse macht sinnlich. Vor Zahlungen vor Abnahme[29] ist deshalb generell zu warnen, zumal einige kleinere IT-Lieferanten auch häufig von Insolvenz bedroht sind. Anzahlungen sollten immer durch Bankbürgschaften mit Zahlung auf erste Anforderung abgesichert werden.

Im Übrigen empfiehlt es sich für den Anwender, sich nicht zu Zahlungen von Teilen der Leistungen zu verpflichten, sondern zumindest sinnvolle Teilleistungen zu definieren, die dann erst nach jeweils vollständiger Erbringung und (Teil-)Abnahme durch den Anwender bezahlt werden müssen.

Beispiel:

> *„Ein Festpreis wird, wenn nichts anderes vereinbart ist, wie folgt in Rechnung gestellt:*
>
> - *3/10 mit Genehmigung des Detailkonzepts, hilfsweise mit halber Lieferzeit,*
>
> - *3/10 mit Lieferung,*
>
> - *3/10 mit Abnahme,*
>
> - *1/10 drei Monate nach Abnahme."*

Zum letzten Punkt siehe nächsten Abschnitt (Gewährleistungseinbehalte).

Bei Vergütung nach Aufwand kann wie folgt formuliert werden:

Beispiel:

> *„Vergütung nach Aufwand wird von den monatlichen Rechnungen in Höhe von 80 % als Abschlag gezahlt. Der Rest wird mit Abnahme gezahlt."*

Für die IT-Anlage gilt: Soll diese nach Installation gezahlt werden, ist deren Funktionsfähigkeit vorab vorzuführen. Zu Gewährleistungseinbehalten siehe folgenden Abschnitt.

3.15.3   Gewährleistungseinbehalte

In Zusammenhang mit der Zahlungsregelung sind auch sog. Gewährleistungseinbehalte sinnvoll. Dies bedeutet, dass der Anwender einen Teil der Vergütung erst dann zahlt, wenn die Gewährleistungsfrist[30] (Verjährungsfrist der Ansprüche wegen Mängeln) abgelaufen ist.

---

[29] Zur Abnahme siehe *Gestaltung und Management von IT-Verträgen*, Kap. 6.1.2.

[30] Zur Gewährleistungsfrist siehe oben S. 36 und *Gestaltung und Management von IT-Verträgen*, Kap. 7.1.3.

So hat der Anwender einerseits ein Druckmittel, wenn er einen Mangel geltend macht. Andererseits hat er eine gewisse Sicherheit, wenn der Lieferant innerhalb der Gewährleistungsfrist insolvent wurde.

Beispiel:

„Ein Festpreis wird, wenn nichts anderes vereinbart ist, wie folgt in Rechnung gestellt:

[...]

- *10% 24 Monate nach Abnahme.“*

Der Lieferant ist auf Liquidität angewiesen und wird daher Vorbehalte gegen eine solche Regelung haben. Ein Kompromiss kann dann darin bestehen, dass der Zahlungszeitraum v.a. bei Software früher gewählt wird, z.B. drei Monate nach Abnahme, denn da Software keiner mechanischen Abnutzung unterliegt, werden sich Mängel außer bei selten genutzten Funktionen relativ schnell zeigen. Der Kompromiss kann auch darin bestehen, dass der Lieferant statt des Einbehalts eine selbstschuldnerische Gewährleistungsbürgschaft einer deutschen Bank oder eines sonstigen Kreditinstituts bringen muss.

3.15.4   Günstige Skontoregelungen vorsehen

Der Anwender sollte versuchen, einen Skontoabzug zu vereinbaren und den Skontoabzug auch bei Aufrechnung und Zurückbehaltung wegen Mängeln zuzulassen. Die Regelung kann dann zumindest als Verhandlungsmasse dienen.

Beispiel:

„ANWENDER erhält ein Zahlungsziel von 60 Tagen. ANWENDER kann auch innerhalb von 14 Tagen mit einem Abzug von drei (3) % Skonto zahlen. Skontoabzug ist auch zulässig bei Aufrechnung oder Zurückbehaltung wegen Mängeln.“

3.16   Pflegegarantie

Der Anwender gibt viel Geld für das Gesamtsystem aus und will insbesondere mit der Anwendungssoftware lange Zeit arbeiten. Also benötigt er eine Pflegegarantie.[31]

Sinnvollerweise gehören Absicherungen hinsichtlich der Pflege und Wartung bereits in den Überlassungsvertrag, wenn die Verträge über Pflege und Wartung zeitlich zusammen mit

---

[31] Zum (oft nicht bestehenden) Anspruch auf Pflege ohne vertragliche Regelung siehe *Gestaltung und Management von IT-Verträgen*, Kap. 7.3.2.

dem Überlassungsvertrag abgeschlossen werden. Das liegt insbesondere für die Anwendungssoftware nahe, da die Pflegeleistungen ab Installation bzw. Abnahme bereits erforderlich sind und weil diese Leistungen weit über die gesetzliche Gewährleistung, die nur Fehlerbeseitigung beinhaltet, hinausgehen.

Es wird dringend davor gewarnt, auf Anwenderseite das Thema Pflege zu unterschätzen. Es gibt mindestens drei Gründe dafür, Wartung und Pflege wenigstens in den Grundzügen bereits bei Abschluss des IT-Beschaffungsvertrags zu regeln:

- Erstens ist die Verhandlungsmacht des Anwenders zu diesem Zeitpunkt wesentlich größer als später.

- Zweitens ist rechtlich unklar, inwieweit der Lieferant zu diesen Leistungen überhaupt verpflichtet ist, wenn das nicht geregelt wird.

- Drittens zeigt die Praxis schon bei Aufforderungen zur Angebotsabgabe, dass Antworten zu diesem Thema häufig dürftig und ungenau sind. Insbesondere lässt die Lieferantenseite gerne unter den Tisch fallen, wie wenig sie zu schneller Fehlerbeseitigung bereit ist.

Wer hier vernünftige und gute Angaben macht, hat damit erhebliche Vorteile bei der Bewertung der Angebote.

Aus Sicht des Anwenders ist eine Gestaltung empfehlenswert, bei der zunächst eine bestimmte Pflegezeit festgelegt wird und der Anwender dann die Option hat, die Pflege um einen weiteren Zeitraum zu verlängern.

3.17   Individualprogrammierung und Festpreis

Liegt umfangreiche Individualprogrammierung vor, geht es im Ergebnis regelmäßig um dieselben Probleme: Die Individualprogrammierung kostet mehr als angenommen, kommt später als angenommen und ist schlechter als angenommen. Nicht immer ist daran, wie Anwender häufig meinen, allein der Lieferant Schuld. Die Schwierigkeiten lassen sich auch nicht hundertprozentig durch vertragliche Regelungen beseitigen, weil es dabei um tatsächliche Probleme geht. Was nützt die Vereinbarung oder Zahlung einer Vertragsstrafe, wenn die vereinbarte Leistung dennoch nicht erbracht wird?

Der Anwender kann einen wesentlichen Beitrag dafür, dass die Programmierung hinsichtlich Preis, Zeitpunkt und Funktionalität auch tatsächlich seinen Anforderungen entspricht, dadurch leisten, dass er tatsächlich laufend mitwirkt und den Stand des Projekts kontinuierlich kontrolliert.

Darüber hinaus wird empfohlen, dass der Anwender von vornherein seine Erwartungen etwas reduziert und stattdessen alles tut, was zu einer Verbesserung der Programmierleistungen des Lieferanten führen kann. Bei Individualprogrammierung ist es wie bei der Ehe: Die Scheidung wird teuer.

Der Preis für Individualprogrammierung ist aus verschiedenen Gründen kaum oder nur schwer kalkulierbar. Gleichwohl zeigt die Praxis, dass Anwender weit überwiegend auf Festpreisvereinbarungen bestehen. Sieht der Anwender dann im Laufe des Projekts, was durch den Einsatz von Software alles möglich ist, unterstützt das seine Vorstellungskraft und beflügelt seine Erwartungshaltung. Das führt oft dazu, dass der Anwender bei der Abnahme des Programmsystems etwas zum Maßstab macht, was ursprünglich gar nicht vereinbart war. Selbstverständlich soll der Lieferant diesen Maßstab dann aber auch noch innerhalb des Festpreises liefern!

Auch hier helfen letztlich nur gutes Kontrollmanagement und eine vernünftige, realitätskonforme Erwartungshaltung.

Die vertraglichen Vereinbarungen müssen hinsichtlich Preis, Terminen und ggf. auch Auswirkungen auf das Leistungsverhalten zeitnah fortgeschrieben werden, insbesondere, wenn der Anwender mehr an Leistung wünscht, als ursprünglich vereinbart worden war. Anderenfalls gerät das Projekt nahezu zwingend in eine Schieflage, und man neigt dann als Anwender dazu, unberechtigte Forderungen zu stellen. Das nützt letztlich weder dem Anwender, der die Programmierung einschließlich der Änderungswünsche ja haben möchte, noch dem Lieferanten, der natürlich Zusatzleistungen nur gegen zusätzliche weitere Vergütung realisieren will. Was kann man konkret tun?

3.17.1 Kalkulation

Erstens sollte man sich vergegenwärtigen, dass sich der Anwender auch dann, wenn das Projektmanagement weitgehend an den Lieferanten übertragen worden ist, weiterhin regelmäßig um das Projekt kümmern sollte: Das Gesamtmanagement, das Management seiner Mitwirkungspflichten und die Kontrolle des Lieferanten obliegen dem Anwender nach wie vor.

Im Übrigen gilt: Wenn schon ein Festpreis, dann soll er wenigstens richtig gebildet werden. Zur Kalkulation bei Individualprogrammierung sollte sich der Anwender verdeutlichen, dass ein vernünftiger Lieferant erhebliche Zuschläge auf den wahrscheinlichen Aufwand kalkulieren müsste, dass er das aber nicht oder nicht ausreichend tut, weil die Konkurrenz es auch nicht tut. Im Endeffekt wird das Projekt bei einem Festpreis aber deshalb bei allen Lieferanten um eine bestimmte Teilmenge der Zuschläge teurer – oder der Anwender muss Abstriche in der Qualität machen.

Tabelle 3.1   **Zuschläge**

1.	Vertragspartner haben bisher nicht zusammengearbeitet	bis 10%
2.	Fachabteilung des Anwenders hat wenig IT-Kenntnisse	bis 10%
3.	Der Anwender muss und will noch Punkte *detaillieren*; wenn der Anwender eine Detaillierung entgegen dem Lieferanten nicht mehr für nötig hält	bis 10%; *jedoch* 10 bis 20%
4.	Der Lieferant möchte *bei kleineren Änderungs- bzw. Ergänzungs- wünschen* des Anwenders keine Nachforderungen stellen; wenn aber der Anwender meint, es seien ohnehin gar keine De- taillierungen notwendig	bis 10%; *jedoch* 10 bis 20%
5.	Anwender muss mitwirken (Daten stellen, Testzeiten stellen)	bis 10%
6.	Das Softwarehaus hat keine/wenige Kenntnisse auf dem spezifi- schen Sach- bzw. Fachgebiet des Anwenders	bis 20%
7.	Akzeptanz des Projekts bei den (auch un-)beteiligten Funktions- trägern des Anwenders	bis 10%

Basis der Kalkulation, zu der die o.g. Hinzuschläge dann ggf. hinzukommen, ist dabei:
Wahrscheinlicher Aufwand (einschließlich Aufwand für Gewährleistung) auf der Basis der Vorgaben des Auftraggebers bei ordentlicher Projektdurchführung (= kalkulierter Aufwand x Sicherheitsfaktor).

3.17.2   Definition der Anforderungen

Zweitens soll der Anwender unbedingt seine Anforderungen an die Leistungen und deren Qualität vernünftig definieren[32], damit der Lieferant den Aufwand dafür auch vernünftig kalkulieren kann. Das sollte auch schon deshalb geschehen, damit der Anwender die Ange- bote miteinander vergleichen kann. Zur Gewichtung der Qualität können u.a. die folgenden Faktoren angesetzt werden:

- Zuverlässigkeitsgrad;

- Sicherheit;

- Effizienz in Bezug auf den Zeitverbrauch;

- Effizienz in Bezug auf den Speicherverbrauch;

- Benutzerfreundlichkeit;

---

[32] Siehe dazu S. 19 ff.

■ Ausbaufähigkeit und

■ Übertragbarkeit.

3.17.3   Auswahl des richtigen Lieferanten

Drittens soll nochmals betont werden, auch wenn es selbstverständlich klingen mag: Der Anwender muss sich v.a. den richtigen Lieferanten aussuchen!

Dazu gehört auch, dass man Referenzen einholt oder andere IT-Anwendungssysteme begutachtet, die dieser Lieferant erstellt hat. Häufig empfiehlt sich für beide Seiten auch, erst einmal mit einem kleinen Auftrag anzufangen, um sich kennen zu lernen.

3.18   Quellprogramme oder Objektprogramme

Geklärt werden muss, ob der Anwender die Quellprogramme oder nur die Objektprogramme erhält. Wenn der Anwender die Software ändern können soll, benötigt er die Quellprogramme. Selbst wenn der Lieferant die Pflege und Anpassungsprogrammierungen übernehmen soll, besteht das Risiko, dass der Lieferant irgendwann insolvent wird oder seinen Betrieb aus anderen Gründen einstellt und daher Pflege und Anpassungsprogrammierungen nicht mehr ausführen kann.

Wenn der Lieferant aus Gründen des Know-how-Schutzes dennoch auch für solche Fälle keine Quellprogramme ausliefern will, bietet sich an, eine sogenannte Hinterlegungsvereinbarung zu treffen (siehe sogleich).

Zu Open Source Software (OSS) s. o. S. 24.

3.19   Hinterlegung

Aus den eben genannten Gründen ist es für den Anwender sinnvoll, in bestimmten Fällen Zugriff auf die Quellprogramme zu haben. Wenn der Lieferant diese nicht direkt an den Anwender herausgeben möchte, kann eine sogenannte Hinterlegungsvereinbarung (auch Escrow genannt) abgeschlossen werden. Die Quellprogramme werden dann an einen neutralen Treuhänder übergeben, z.B. einen Rechtsanwalt oder ein Unternehmen, das Hinterlegungsleistungen anbietet.

Rechtsanwälte sind meist günstiger, weil sie keine technische Überprüfung der Datenträger vornehmen, sondern vereinbaren, dass das der Anwender auf Wunsch im Beisein des Lieferanten durch einen Sachverständigen machen lassen kann, und weil sie die Hinterlegungsvereinbarung zudem so gestalten, dass, wenn ein unrichtiger Quellcode hinterlegt wird, dies als Betrug strafbar wäre.

Geregelt werden muss dann, wann die Hinterlegungsstelle den Quellcode herausgeben muss. In der Regel ist das mindestens bei Insolvenz des Lieferanten der Fall, allerdings ist nicht vollkommen rechtssicher, ob im Insolvenzfall dann auch tatsächlich die Herausgabe verlangt werden kann oder ob nicht der Insolvenzverwalter ein vorrangiges Zugriffsrecht hat.

Als weitere Herausgabegründe können z.B. Einstellung der Pflege trotz Aufforderung mit Fristsetzung o.Ä. vereinbart werden.

Geregelt werden muss zudem auch, ab welchem Verfahrensstand genau die Hinterlegungsstelle den Quellcode herausgeben muss, also ob z.B. ein (unanfechtbares?) Urteil vorliegen muss, dass der Lieferant seine Pflegepflichten verletzt hat, oder ob ein Aufforderungsschreiben reicht, auf das der Lieferant nicht reagiert hat (und wie soll das gegenüber der Hinterlegungsstelle nachgewiesen werden?).

Beispiel:

„§ X Zugriff auf die Quellprogramme samt deren Dokumentation

X.1 Der Lieferant verpflichtet sich, die Programme in Quellcode samt der darauf bezogenen Dokumentation, soweit eine solche vorhanden ist, bei einem von ihm bestimmten Notar oder Rechtsanwalt zu hinterlegen. Die Hinterlegung kann auch zu-

gleich für andere Anwender derart erfolgen, dass jeder sich im Falle des Zugriffs eine Kopie zu machen berechtigt ist.

ANWENDER kann auf eigene Kosten jederzeit den Nachweis verlangen, dass die richtigen Versionen hinterlegt sind.

X.2 ANWENDER hat Anspruch auf Herausgabe bzw. Erstellung einer Kopie, wenn

a) über das Vermögen des Lieferanten ein Insolvenz- oder Vergleichsverfahren eröffnet oder die Eröffnung mangels Masse abgelehnt worden ist, insb. der Lieferant deswegen aus dem Handelsregister gelöscht worden ist.

b) der Lieferant aus anderen Gründen erloschen ist.

c) erstinstanzlich gerichtlich festgestellt worden ist, dass der Lieferant die Pflicht zur Fehlerbeseitigung oder zur Lieferung weiterentwickelter Versionen erheblich verletzt hat.

d) der ANWENDER den Lieferanten zur Herausgabe mit der Behauptung auffordert, dass der Lieferant die Pflicht zur Fehlerbeseitigung oder zur Lieferung weiterentwickelter Versionen erheblich verletzt hat, und zwar vier (4) Wochen nachdem ANWENDER den Lieferanten informiert hat. Erhebt ANWENDER nicht innerhalb von acht (8) Wochen nach Erhalt der Programme Feststellungsklage auf Berechtigung des Zu-

*griffs oder unterliegt ANWENDER im folgenden Prozess, zahlt ANWENDER eine Ver-
tragsstrafe von EUR _____, bei Rechtsirrtum in Höhe von EUR _____.*

*Der Anspruch auf Herausgabe entfällt, wenn innerhalb von vier (4) Wochen, nachdem
ANWENDER den Lieferanten über das Herausgabeverlangen informiert hat, sich ein
Dritter bereiterklärt, den Vertrag anstelle des Lieferanten zu übernehmen. Der Dritte
muss für ANWENDER zumutbar sein. Es ist mit dem Treuhänder also zu vereinbaren,
dass die Programme erst vier (4) Wochen nach Stellung des Herausgabeverlangens auch
gegenüber ANWENDER herausgegeben werden dürfen.*

*X.3 ANWENDER darf die Programme bearbeiten, wenn ANWENDER Anspruch auf Her-
ausgabe hat. ANWENDER hat Nutzungsrechte an den bearbeiteten Programmen in dem
in § Y dieses Vertrags bezeichneten Umfang.*

*X.4 Das Recht zur Bearbeitung umfasst das Recht zur (auch endgültigen) Fehlerbe-
seitigung sowie zur Weiterentwicklung des Programms.“*

3.20   Dokumentation

Der Anwender muss auch regeln, ob er nur eine Benutzerdokumentation erhält oder ob der
Lieferant auch eine systemtechnische Dokumentation liefern soll. Letzteres wird der Lieferant nur tun, wenn der Anwender das Recht erhalten soll, die Software selbst zu ändern;
andernfalls sollte die systemtechnische Dokumentation Teil der Hinterlegungsvereinbarung
sein (s.o.).

Sollte der Anwender nur die Benutzerdokumentation erhalten, muss geklärt werden, ob
diese ausgedruckt oder nur als Teil der Software geliefert werden muss oder ggf. sogar nur
der Zugang zur Online-Version verschafft werden soll. Auch muss geklärt werden, ob die
Benutzerdokumentation in deutscher Sprache geliefert werden muss. Bei der Benutzerdokumentation wird das, anders als bei der systemtechnischen Dokumentation, in der Regel
der Fall sein.

3.21   Vertragsstrafen vereinbaren

Neben der Vertragsstrafe (Pönale) für Verzug[33] und bei Mängelbeseitigung[34] ist es sinnvoll,
auch weitere Leistungspflichten des Lieferanten mit (angemessenen) Vertragsstrafen abzusichern. Denn ohne eine solche Absicherung kommt nur in Betracht, entweder vom Vertrag
zurückzutreten, was aber vom Anwender häufig nicht gewollt ist, oder der Anwender muss

[33] Siehe o. S. 29.

[34] Siehe o. S. 33.

Schadensersatz geltend machen. Dazu muss er aber genau berechnen und beweisen, dass und in welcher Höhe ihm ein Schaden entstanden ist. Das ist in der Praxis oft schwierig bis unmöglich, insbesondere in Bezug auf interne Kosten, aber auch in Bezug auf entgangenen Gewinn: Wie wollen Sie beweisen, dass Sie mit einer korrekten Leistung, z.B. einer funktionsfähigen Software, mehr Gewinn gemacht hätten und nicht ohnehin der Konkurrent den Auftrag bekommen hätte? Erst recht können Sie nicht beweisen, dass Ihr Mitarbeiter in der Zeit, die er wegen der mangelhaften Leistung zusätzlich aufgewendet hat, bei korrekter Leistung tatsächlich für Ihr Unternehmen Umsatz und Gewinn generiert hätte.

Sie sollten bei Vereinbarung von Vertragsstrafen auch vereinbaren, dass Sie die Vertragsstrafen nicht verlieren, solange der Vertrag noch läuft.

Beispiel:

„Für alle Vertragsstrafen gilt, dass ANWENDER sie bis zum Ablauf eines (1) Monats nach der Annahme der letzten im Rahmen der Bestellung zu erbringenden Leistung verlangen kann."

Alternativ kann, um auf Druck des Lieferanten diesem entgegenzukommen, auch statt einer Vertragsstrafe ein pauschalierter Schadensersatz vereinbart werden, mit der Möglichkeit für den Lieferanten, im Einzelfall einen geringeren Schaden des Anwenders nachzuweisen.

3.22   Höhe von Pönalen / Vertragsstrafen

Der Anwender sollte bei der Festlegung der Höhe von Vertragsstrafen Folgendes bedenken: Eine Vertragsstrafe darf einerseits nicht zu weit vom zu erwartenden Schaden nach oben abweichen, andernfalls kann sie (bei Hinzutreten weiterer Umstände) sittenwidrig sein; in AGB sind die Anforderungen an eine wirksame Vertragsstrafe noch höher.

Eine Vertragsstrafe muss aber auch nicht zwingend den Schaden abdecken. Sie kann auch nur dazu dienen, gegenüber dem Lieferanten Druck aufzubauen, ohne gleich die ganz große Sanktion, nämlich Rücktritt vom Vertrag bzw. Kündigung, ausüben zu müssen. Allein die Tatsache, dass überhaupt eine Vertragsstrafe geltend gemacht wird, wird beim Lieferanten für erhebliche Unruhe sorgen.

Der Anwender kann aus Kulanzgründen auch einmal auf die Geltendmachung der Vertragsstrafe oder überhaupt auf die Geltendmachung von Rechten wegen Vertragsverletzungen absehen. Er muss das dann aber auch ganz deutlich machen, und zwar aus Beweisgründen schriftlich. Denn andernfalls besteht die Gefahr, dass der Lieferant sich auf den Standpunkt stellen kann, der Anwender habe derartige Vertragsverletzungen auch für die Zukunft durch schlüssiges (konkludentes) Handeln gebilligt.

3.23 Change Requests

Sehr wichtig in Verträgen über umfangreichere IT-Beschaffungen sind auch Regelungen zu Change Requests. Denn gerade bei größeren Projekten wird sich erst im Laufe der Zeit herausstellen, dass eine geänderte Leistung sinnvoller für den Anwender ist. Dies gilt zumal, wenn das Projekt über einen längeren Zeitraum läuft, da sich im Zeitablauf die Anforderungen des Anwenders auch aufgrund projektexterner Umstände ändern können.

Es soll geregelt werden, dass der Lieferant zur Zustimmung zu Änderungsanforderungen verpflichtet ist, es sei denn, ihm ist das nicht zumutbar.

Es soll weiter geregelt werden, dass der Lieferant dann eine (nur) angemessene Verschiebung von Vergütung und Terminen verlangen kann. Dabei muss unbedingt ein formalisiertes Verfahren festgelegt werden, in dem die geänderte Vergütung und die geänderten Termine schriftlich vereinbart werden. Andernfalls ist Streit vorprogrammiert; auch kann es andernfalls wochenlang dauern, bis die Änderung vereinbart wird.

Beispiel:

„Will ANWENDER die Anforderungen ändern (was Erweiterungen umfasst), ist der Lieferant verpflichtet, dem zuzustimmen, es sei denn, dass das für den Lieferanten unzumutbar ist.

Soweit sich die Realisierung eines Änderungswunschs auf den Vertrag auswirkt, kann der Lieferant eine angemessene Anpassung des Vertrages, insb. die Erhöhung der Vergütung und/oder die Verschiebung der Termine, verlangen.

Vereinbarungen über Änderungen der Anforderungen und über die Anpassung des Vertrags bedürfen der Schriftform. Der Lieferant wird das Verlangen nach Anpassungen unverzüglich geltend machen."

3.24 Anwenderbetreuung / Service Level Agreements

Wenn der Anwender Pflege beauftragt, möchte er eine möglichst umfassende Betreuung. Das kann wie folgt geregelt werden:

Beispiel:

„Der Lieferant wird folgende Zeiten für die telefonische Betreuung einhalten:

a) wenn das Handhabungsproblem zeitkritische Weiterverarbeitung verhindert: Beginn der Betreuung spätestens nach ___ Arbeitsstunde(n) nach Anforderung; keine ungerechtfertigte Unterbrechung bis zur Ermöglichung der Weiterverarbeitung.

*b) wenn das Handhabungsproblem Arbeiten behindert, die für mindestens vier Arbeits-
stunden verschoben werden können: Beginn spätestens nach ___ Arbeitsstunden nach
Anforderung; keine Unterbrechung, wenn dadurch drohen würde, dass die beeinträch-
tigten Arbeiten zeitkritisch werden und nicht zu dem von ANWENDER genannten Termin ausgeführt werden können.*

*c) bei allen anderen Problemen: Beginn zu einem für ANWENDER zumutbaren Zeit-
punkt; zügiger Abschluss."*

Bei umfangreicherer Anwenderbetreuung (Service Level Agreements) muss zunächst der
Umfang der Leistung geregelt werden und die dafür zu zahlende Vergütung; aus Sicht des
Anwenders ist hier in der Regel eine Pauschale sinnvoll:

Beispiel:

*„X.1 Der Lieferant übernimmt die Unterstützung bei Störungen des Einsatzes der in
Anlage 1 aufgeführten Anwendungen, bei Vereinbarung einer Pauschale.*

X.2 Die telefonische Betreuung und Beratung umfasst:

a) die Klärung von Fragen beim Einsatz der Anwendungen,

b) die Aufklärung von Bedienungsfehlern oder ähnlichen Störungen,

c) die Erarbeitung von Umgehungsmaßnahmen bei Störungen."

Umfasst die Anwenderbetreuung auch die Fehlerbeseitigung, sollte zwischen „normaler"
Leistungsbereitschaft und Rufbereitschaft („Premium Support") unterschieden werden. Das
kann wie folgt geregelt werden:

Beispiel:

„X.1 Störungsbehandlung während normaler Leistungsbereitschaft

*Der Lieferant wird alle Störungen unverzüglich bearbeiten. Es werden folgende Stö-
rungsklassen gebildet:*

*a) Klasse 1: Störungen schränken den Betrieb stark ein oder führen sogar zum Still-
stand: Der Lieferant wird unverzüglich, spätestens innerhalb von ___ Stunden Bereitschaftszeit, tätig.*

*b) Klasse 2: Störungen behindern den Betrieb nicht nur unerheblich: Der Lieferant
wird unverzüglich, spätestens innerhalb von ___ Stunden Bereitschaftszeit, tätig.*

*c) Klasse 3: Bei allen übrigen Störungen wird der Lieferant spätestens innerhalb von
___ Stunden Bereitschaftszeit tätig.*

*Maßgeblich ist der Eingang der Störungsmeldung beim Lieferanten per E-Mail oder
über das vereinbarte Fehlermeldungssystem.*

X.2 Störungsbehandlung während Rufbereitschaft

a) Es wird Rufbereitschaft vereinbart. Rufbereitschaft beinhaltet die Pflicht des Lieferanten, auch außerhalb der normalen Leistungsbereitschaftszeit dringende Pflege-, Wartungs- und Betreuungsaufgaben und/oder Bearbeitung von Störungen der Klassen 1 und 2 zu erbringen.

b) Der Lieferant wird die Aufnahme der Störungsbeseitigung innerhalb von ____ Arbeitsstunden (Rufbereitschaftszeit) nach Anforderung beginnen."

3.25   Geheimhaltung

3.25.1   Allgemeine Geheimhaltung

Häufig wird der Anwender wollen, dass das Projekt zu einem gewissen Grad geheim bleibt, gerade weil sich der Anwender durch das Projekt einen Vorsprung vor Wettbewerbern erhofft.

Auch kann der Anwender in der Regel nur durch eine Geheimhaltungsvereinbarung erreichen, dass sein Know-how etc. unter das Gesetz zum Schutz von Geschäftsgeheimnissen (GeschGehG) fällt, was dem Anwender Vorteile bringt, da er dann auch gegen Dritte vorgehen kann, die sein Geheimnis unberechtigt erhalten haben. Das gilt aber nur für solche Geschäftsgeheimnisse, für die der Inhaber den Umständen nach angemessene Geheimhaltungsmaßnahmen getroffen hat, wozu in der Regel Geheimhaltungsvereinbarungen zählen.

Der Lieferant wird dagegen ein Interesse daran haben, das Projekt als Referenz z.B. auf seiner Website zu benennen. Dem kann dadurch Rechnung getragen werden, dass der Anwender nach (!) Abschluss des Projekts auf einer Referenzliste genannt werden darf.

Beispiel:

„X.1 Beide Vertragspartner verpflichten sich, alle im Rahmen des Vertragsverhältnisses erlangten Kenntnisse von Betriebsgeheimnissen und von schriftlich als vertraulich bezeichneten Informationen nur zur Durchführung des Vertrags zu verwenden und zeitlich unbegrenzt vertraulich zu behandeln. Dies gilt nicht für Daten, die dem anderen Vertragspartner bereits bekannt sind oder außerhalb dieses Vertrages bekannt waren oder bekannt werden.

X.2 Jeder Vertragspartner verpflichtet die eigenen Mitarbeiter zur Wahrung der Vertraulichkeit.

X.3 Der Lieferant darf den Namen von ANWENDER in eine Referenzliste aufnehmen. Alle anderen Werbehinweise auf ANWENDER werden vorab mit ANWENDER abgesprochen."

oder

„X.3 Der Lieferant darf bei der Abgabe von Referenzen oder bei Veröffentlichungen die Firma oder Marken oder Logos von ANWENDER nur nennen, wenn ANWENDER vorher schriftlich zugestimmt hat."

3.25.2   Geheimhaltungspflicht für Unterauftragnehmer

Die Geheimhaltungspflicht sollte auch für Unterauftragnehmer des Lieferanten gelten.[35] Das könnte wie folgt formuliert werden:

Beispiel:

„Falls der Lieferant mit Zustimmung von ANWENDER Unterauftragnehmer einsetzt, wird der Lieferant diese entsprechend diesem Vertrag zur Geheimhaltung verpflichten."

3.25.3   Absicherung durch Vertragsstrafe

Im Übrigen sollte die Geheimhaltung aus Sicht des Anwenders durch eine Vertragsstrafe abgesichert werden. Denn ohne Vertragsstrafe kann der Anwender seinen Schaden letztlich nur dann geltend machen, wenn er konkret berechnen und beweisen kann, wie hoch der finanzielle Schaden für ihn ist. Das ist aber oft unmöglich:[36] Denn wie wollen Sie beweisen, dass der Konkurrent, der Ihr Geheimnis kennt, gerade wegen dieser Kenntnis Ihnen z.B. den lukrativen Auftrag weggeschnappt hat und nicht wegen seines besseren Marketings oder wegen der für den Kunden aus welchen Gründen auch immer besseren oder günstigeren Leistung?

Hinzu kommt, dass Sie, wenn das Geheimnis einmal „in der Welt" ist, rechtlich meist keine Möglichkeit haben, gegen die Dritten, die das Geheimnis jetzt kennen, vorzugehen. Das geht nur dann, wenn es sich bei dem Geheimnis um spezialgesetzlich geschützte Informationen handelt, wie etwa Software, oder wenn das Geheimnis unter das Gesetz zum Schutz von Geschäftsgeheimnissen (GeschGehG) fällt, was wiederum nur für solche Informationen gilt, für die der Inhaber den Umständen nach angemessene Geheimhaltungsmaßnahmen getroffen hat, wozu in der Regel Geheimhaltungsvereinbarungen zählen werden. Wenn spezialgesetzlicher Schutz besteht, brauchen Sie ohnehin kaum Geheimhaltung (allenfalls bezogen auf die Länder, in denen Sie den Schutz nicht durchsetzen können).

---

[35] Zur Vergabe des Auftrags an Generalunternehmer mit Unterauftragnehmern siehe S. 16; zur Zulassung von Unterauftragnehmern siehe S. 29.

[36] Siehe o. S. 46.

Weil Vertragsstrafen auf Lieferantenseite aber nicht gerne gesehen sind, sollten Sie Vertragsstrafen wegen Verletzung von Geheimhaltungspflichten nur dann vereinbaren, wenn die Geheimhaltung für Sie wirklich wichtig ist.

Alternativ ist auch hier möglich, statt einer Vertragsstrafe einen pauschalierten Schadensersatz zu vereinbaren, mit der Möglichkeit für den Lieferanten, im Einzelfall einen geringeren Schaden des Anwenders nachzuweisen.

3.25.4   Geheimhaltung von Know-how

In eine ähnliche Richtung wie die allgemeine Geheimhaltung geht die Geheimhaltung von Know-how, das der Anwender dem Lieferanten bereitstellt, damit der Lieferant seine Leistung erbringen kann, oder Know-how, welches der Lieferant bei der Ausführung der Leistung erwirbt.

Der Anwender will dieses Know-how in der Regel gegenüber Wettbewerbern geheim halten. Aus den o.g. Gründen hat der Anwender nur dann rechtliche Möglichkeiten, gegen Wettbewerber vorzugehen, die das Know-how unrechtmäßig erhalten haben, wenn ein besonders geregelter gesetzlicher Schutz besteht oder wenn das Know-how unter das Gesetz zum Schutz von Geschäftsgeheimnissen (GeschGehG) fällt. Letzteres gilt nur für solches Know-how, für das der Inhaber den Umständen nach angemessene Geheimhaltungsmaßnahmen getroffen hat, wozu in der Regel Geheimhaltungsvereinbarungen zählen.

Der Lieferant hat zumindest das Interesse, das Know-how, das er im Rahmen des Auftrags selbst erarbeitet hat, weiterzuverwenden, damit er gerade mit seiner Erfahrung und seinem Know-how werben kann. Das ist letztlich auch im Interesse des Anwenders, denn der Anwender möchte bei seinem Projekt auch einen Lieferanten beauftragen, der aus anderen Projekten bereits Know-how mitbringt. Daher kann eine Geheimhaltungsregelung auf Wunsch des Lieferanten wie folgt abgeschwächt werden:

Beispiel:

„Die Verpflichtung zur vertraulichen Behandlung gilt nicht für Ideen, Konzeptionen, Know-how und Techniken, die sich auf Programmerstellung beziehen, sowie für Daten, die dem Lieferanten bereits bekannt sind oder außerhalb dieses Vertrages bekannt waren oder werden. Der Lieferant darf einzelne Programmbausteine, die er erstellt, auch anderweitig verwenden."

3.26   Rechte am Know-how

Ganz ähnlich wie bei der Geheimhaltung von Know-how[37] verhält es sich mit den Rechten am Know-how. Der Anwender will diese Rechte möglichst umfänglich bekommen, um einen Vorsprung gegenüber Konkurrenten zu haben; zudem hat er die Leistung ja bezahlt. Der Lieferant möchte sein Know-how auch in anderen Projekten einsetzen. Das ist nachvollziehbar, denn der Anwender möchte auch, dass der Lieferant schon Know-how mitbringt und nicht „bei Null anfängt". Es kann daher auf Wunsch des Lieferanten folgender Kompromiss vereinbart werden:

Beispiel:

> *„[…] An Ideen, Konzeptionen, Know-how und Techniken, die sich auf Programmerstellung beziehen, sowie für Daten, die dem Lieferanten bereits bekannt sind oder außerhalb dieses Vertrages bekannt waren oder werden, erhält ANWENDER lediglich ein einfaches Nutzungsrecht. Der Lieferant darf einzelne Programmbausteine, die er erstellt, auch anderweitig verwenden."*

3.27   Haftung des Lieferanten

Die Gesetzeslage ist im Grundsatz für den Anwender sehr positiv. Das Gesetz kennt – bis auf wenige, im IT-Bereich nicht einschlägige Ausnahmen v.a. im Transportbereich – keine Haftungsbeschränkung für Schäden, die der Lieferant zu vertreten hat.

Wenn der Lieferant zum Schadensersatz verpflichtet ist, ist er eigentlich dazu verpflichtet, die Situation so wiederherzustellen, wie sie ohne das zum Schaden führende Verhalten gewesen wäre; der Jurist nennt das Naturalrestitution. Wenn das nicht möglich ist, und das ist in der Praxis der Regelfall, ist der Lieferant zum Ersatz des Schadens in Geld verpflichtet. Es ist meist[38] auch im Interesse des Anwenders, dass der Lieferant Schadensersatz in Geld leistet.

Grundsätzlich sollte daher darauf geachtet werden, dass der Lieferant seine Haftung nicht gegenüber der Gesetzeslage zu stark einschränkt. Manchmal ist das aber unvermeidbar, weil der Lieferant den Auftrag sonst nicht übernehmen würde. Denn eine Software im Wert von wenigen tausend Euro kann z.B. dann, wenn sie eine Produktion steuert, zum tagelangen Stillstand der Produktion und daher zu Gewinnausfällen des Anwenders in Millionenhöhe führen. Ein Lieferant wird aber das Risiko, ggf. für einen Millionenschaden haften zu müssen, nicht eingehen, wenn er dafür nur einen Umsatz von wenigen tausend Euro und ggf.

---

[37] Siehe o. S. 51.

[38] Zu einer Ausnahme siehe sogleich S. 54.

nur einen Gewinn von einigen hundert Euro macht. In solchen Fällen ist eine Haftungsbe-schränkung zu Gunsten des Lieferanten angemessen. Aus diesem Grund sehen auch die Einkaufsbestimmungen des Staates für IT-Leistungen, die EVB-IT[39], eine Haftungsbeschrän-kung des Lieferanten vor, die aus Sicht des Anwenders in bestimmten Fällen sogar zu güns-tig ist.

Der Anwender will auf jeden Fall nur eine Haftungsbeschränkung für einfache Fahrlässig-keit akzeptieren, nicht auch eine Haftungsbeschränkung für grobe Fahrlässigkeit. Denn grobe Fahrlässigkeit bedeutet, dass das nicht beachtet wird, was jedem hätte einleuchten müssen. Hier darf der Anwender verlangen, dass der Lieferant sich sicher ist, dass er und seine Mitarbeiter derartige Fehler, die grobe Fahrlässigkeit darstellen würden, nicht bege-hen, also sorgfältig arbeiten, und wenn der Lieferant bzw. dessen Mitarbeiter doch einen solchen Fehler begehen, dass der Lieferant dann wenigstens auch dafür haften will – ohne Haftungsbeschränkung!

Wenn der Lieferant auf seine Betriebshaftpflichtversicherung verweist, reicht das in der Re-gel allein nicht aus. Denn oft ist unklar, ob und in welcher Höhe die Haftpflichtversicherung zahlt. Gerade für den IT-Bereich schließen viele Versicherungen die Haftung weitgehend aus. Der Anwender muss daher verlangen, dass der Lieferant zumindest dann selbst zahlt, wenn und soweit seine Haftpflichtversicherung nicht zahlt, wobei in bestimmten Fällen ak-zeptiert werden kann, dass der Lieferant seine Haftung der Höhe nach begrenzt, wenn es für den Lieferanten andernfalls unzumutbar wäre, das Geschäft abzuschließen. Auch sollte der Anwender dann verlangen, dass der Lieferant sich verpflichtet, den Deckungsumfang seiner Betriebshaftpflichtversicherung während der Vertragslaufzeit und während der Ge-währleistungsfrist aufrechtzuerhalten.

3.27.1 Haftung für Schutzrechtsverletzungen

In manchen Fällen bringt die Ersatzleistung in Geld dem Anwender nicht viel. Das ist z.B. bei Schutzrechtsverletzungen der Fall. Gemeint ist der Fall, dass die gelieferte Leistung Rechte Dritter verletzt, also z.B. die Software Urheberrechte Dritter verletzt oder die Hard-ware (oder auch Software) Patentrechte Dritter verletzt. Diese Dritten können dem Anwen-der dann ggf. untersagen, die Leistung weiterhin zu nutzen. Der Anwender benötigt die Leistung aber für seinen Geschäftsbetrieb; häufig wird es sich zudem um intern eingesetzte Software handeln (z.B. Lohnbuchhaltung). Es ist dann schwer für den Anwender, einen kon-kreten finanziellen Schaden nachzuweisen. V.a. will der Anwender aber hauptsächlich die Leistung uneingeschränkt nutzen können, damit er am Markt auftreten kann, seinen Mitar-beitern rechtzeitig Abrechnungen übersenden kann, etc.

---

[39] Zu den EVB-IT siehe im Einzelnen unten S. 105 ff.

Daher hat der Anwender das Interesse, dass nicht Geld im Vordergrund steht, sondern dass ermöglicht wird, dass er die Leistung uneingeschränkt bzw. wieder nutzen kann. Eine entsprechende Regelung dazu könnte wie folgt lauten:

Beispiel:

„Werden durch eine Leistung des Lieferanten Rechte Dritter verletzt, wird der Lieferant ANWENDER nach Wahl von ANWENDER auf eigene Kosten des Lieferanten

- *das Recht zur Nutzung der Leistung verschaffen oder*

- *die Leistung schutzrechtsfrei gestalten oder*

- *die Leistung zum Rechnungspreis zurücknehmen.*

Der Lieferant ersetzt ANWENDER alle ANWENDER entstehenden Kosten, wenn ANWENDER den Lieferanten unverzüglich von der behaupteten Schutzrechtsverletzung schriftlich in Kenntnis gesetzt hat.

Weitergehende Schadensersatzansprüche von ANWENDER bleiben unberührt.

Im Übrigen gelten die gesetzlichen Bestimmungen."

Die dritte Alternative wird vom Lieferanten in den meisten Fällen aus den o.g. Gründen nicht gewählt werden. Verhandlungstaktisch kann es daher sinnvoll sein, auf diese zu verzichten. Denn es kann durchaus sein, dass der Lieferant sich nur unter der Bedingung mit der Regelung einverstanden erklärt, dass er die Wahl hat, welche Alternative gewählt wird. Hinsichtlich der ersten und zweiten Alternative ist es für den Anwender auch nicht so entscheidend, welche gewählt wird, solange er wieder mit der Leistung arbeiten kann (die Leistung schutzrechtsfrei zu gestalten hat für den Anwender allerdings das Risiko, dass die – dann unter Zeitdruck vorgenommenen – Änderungen an der Leistung mit potenziellen Fehlern verbunden sind). Wenn die dritte Alternative erst gar nicht zur Diskussion steht, ist es für den Anwender leichter, dem Lieferanten entgegenzukommen und diesem die Wahl zu überlassen.

3.28 Vorzugsbehandlung bei späteren Erweiterungen/Änderungen der Leistung

Häufig werden im Zeitablauf Änderungen an der IT-Leistung notwendig sein, die nicht durch die Pflege abgedeckt sind. Der Anwender kann und soll jedenfalls bei größeren Projekten verlangen, dass er dann zumindest zeitlich vorrangig bedient wird.

Beispiel:

„Der Lieferant verpflichtet sich, Aufträge, die der Änderung oder der Erweiterung von vom Lieferanten erbrachter oder noch zu erbringender Leistungen dienen, mit Vorrang

zu übernehmen und zu erledigen, es sei denn, dass dem Lieferanten das im Rahmen seiner betrieblichen Leistungsfähigkeit nicht zumutbar ist."

3.29   Abtretungsverbot

Der Anwender möchte bei Unstimmigkeiten direkt mit dem Lieferanten über die Vergütung des Lieferanten diskutieren und nicht mit Dritten, an die der Lieferant seine Forderungen abgetreten hat.

Beispiel:

„Der Lieferant ist nicht berechtigt, seine Forderungen gegenüber ANWENDER ohne dessen schriftliche Zustimmung abzutreten oder durch Dritte einziehen zu lassen; das gilt nicht für den verlängerten Eigentumsvorbehalt."

3.30   Schulung

Es sollte zudem festgelegt werden, wer wen schult. Sinnvoll ist es meist, dass der Lieferant die hauptsächlichen Nutzer der Software schult und diese, also der Anwender selbst, dann die übrigen (gelegentlichen) Nutzer der Software schulen.

Auch muss geregelt werden, wer die Schulungsunterlagen erstellt (i.d.R. der Lieferant) und wer welche Rechte an den Schulungsunterlagen bekommt. Der Anwender wird in der Regel zumindest das Recht benötigen, die Unterlagen für interne Zwecke zu vervielfältigen und auf dem eigenen Server bereitzustellen.

3.31   Schiedsgerichte

3.31.1   Pro und Contra

Häufig werden in Verträgen Schiedsgerichte vereinbart, insbesondere dann, wenn der Lieferant (oder der Anwender) seinen Sitz im Ausland hat, aber auch dann, wenn beide Vertragspartner in Deutschland ansässig sind.

Zumindest in Bezug auf deutsche Gerichte ist die oft anzutreffende Meinung, Schiedsgerichte seien schneller als staatliche Gerichte, nicht immer zutreffend. Das Schiedsverfahren im Toll-Collect-Verfahren lief etwa von 2006 bis 2018 und endete dann mit einem Vergleich, d.h. bis zu einem Urteil hätte es wohl noch einmal länger gedauert. Dagegen sind Schiedsgerichte vergleichsweise teuer, v.. wenn mehrere Schiedsrichter bestellt werden (müssen).

Dennoch werden in Verträgen oft Schiedsgerichte vereinbart. Vorteile sind ggf. der Ausschluss der Öffentlichkeit – wobei das Gerichtsverfassungsgesetz (GVG) auch einige Möglichkeiten zur Geheimhaltung bietet – und dass es, wenn das vereinbart wird, es keine zweite (staatliche) Instanz gibt, was der Beschleunigung dient, aber auch Nachteile hat, da man auf die Argumente in der Entscheidung nicht mehr eingehen kann, weil diese dann eben abschließend ist.

Schiedsgerichte sind Gerichte, die aus Schiedsrichtern bestehen, die im Hauptberuf häufig keine Richter sind, sondern z. B. Anwälte oder Hochschullehrer.

3.31.2   Schiedsgerichtsordnungen

Schiedsgerichte arbeiten nach sogenannten Schiedsgerichtsordnungen. Das sind keine Gesetze, sondern von privaten Organisationen (oft von Handelskammern) herausgegebene Ordnungen, wie ein Schiedsverfahren ablaufen soll. Wenn in einem Vertrag also eine Schiedsgerichtsklausel vereinbart ist, muss immer festgelegt werden, nach welcher Schiedsgerichtsordnung das Schiedsgericht arbeiten soll.

3.31.3   Anwendbares Recht bei Schiedsvereinbarungen

Ein häufiger Fehler ist die Ansicht, Schiedsgerichtsordnungen würden auch ein Vertragsrecht enthalten, das auf den Vertrag angewendet werden kann. Solche Bestimmungen enthalten die Schiedsgerichtsordnungen aber nicht. Sie regeln nur, wie das Schiedsgericht arbeitet. Wenn Lieferant und Anwender ihren Sitz in Deutschland haben, ist das grundsätzlich kein Problem, es gilt dann in der Regel deutsches Recht. Wenn der Lieferant (oder Anwender) seinen Sitz im Ausland hat, werden die Schiedsrichter, wenn im Vertrag kein anwendbares Recht geregelt ist, anhand der gesetzlichen Vorgaben das anwendbare Recht feststellen, siehe dazu unten Kapitel 6 (S. 101 ff). Manchmal enthalten auch die Schiedsgerichtsordnungen Regeln dazu, wie das anwendbare nationale Vertragsrecht festgestellt werden soll, die z. T. sehr schwammig sein können, wie etwa die Regelung, das Recht, das nach Gesamtabwägung aller Umstände auf den Vertrag anzuwenden ist, o.Ä.. Daher ist es wichtig, auch bei Vereinbarung eines Schiedsgerichts festzulegen, welches Recht auf den Vertrag anwendbar ist, wenn der Lieferant (oder Anwender) seinen Sitz im Ausland hat.

3.31.4   Ort des Schiedsgerichts

Auch sollte der Ort festgelegt werden, an dem das Schiedsgericht arbeitet, und natürlich die Schiedsgerichtsordnung, nach der das Gericht arbeitet.

3.31.5   Auswahl der Richter

Die Schiedsgerichtsordnungen enthalten in der Regel auch Vorschriften darüber, wie die Richter ausgewählt werden. Häufig ist vorgesehen, dass jeder Vertragspartner einen Richter auswählt und dass die Richter sich dann auf einen weiteren, dritten Richter einigen. Da dies aber nicht immer so ist, ist es wichtig, vor Vereinbarung einer Schiedsgerichtsklausel genau zu prüfen, wie die Schiedsrichter ausgewählt werden und ob diese Auswahl ein faires Schiedsgericht erwarten lässt.

3.31.6 Abschließende Entscheidung?

Weiter ist zu regeln, ob das Schiedsgericht über den Fall abschließend entscheidet (das ist der Regelfall) oder ob einer der Vertragspartner den Schiedsgerichtsspruch noch von einem ordentlichen (d.h. staatlichen) Gericht überprüfen lassen kann, und wenn ja, von welchem genau.

3.31.7 Vollstreckung von Schiedsgerichtsurteilen

Schiedsgerichtsurteile können, wenn sie abschließend sind, häufig genauso vollstreckt werden wie nationale Urteile. Hierzu hat jeder Staat eigene Vorschriften. Schiedsgerichte müssen daher genauso ernst genommen werden wie ordentliche Gerichte, zumal hier in der Regel keine Möglichkeit besteht, die Urteile von einer höheren Instanz noch einmal überprüfen zu lassen (s.o.).

3.32 Schiedsgutachten

Von Schiedsgerichten zu unterscheiden sind Schiedsgutachten. Hier wird für bestimmte, in der Regel rein technische, Fragen im Vertrag vereinbart, dass diese durch einen bestimmten Schiedsgutachter, in der Regel einen IT-Sachverständigen, bindend entschieden werden. Nur die technische Vorfrage ist dann entschieden, die Rechtsfragen müssen weiterhin durch ein Gericht entschieden werden.

Das ist sinnvoll, denn in einem Gerichtsverfahren wird das Gericht, das in der Regel keine tiefergehende IT-technische Kompetenz hat (weil es sich bei den Richtern um Juristen handelt; bei Kammern für Handelssachen ggf. auch um Geschäftsleute – neben einem Juristen als Vorsitzenden –, aber eher selten um IT-Spezialisten), für technische Fragen ein Sachverständigengutachten einholen.

Wenn die Rechtsfragen weitgehend unstreitig sind und es nur um technische Fragen geht – und das ist häufig der Fall –, kann man durch Vereinbarung eines Schiedsgutachtens ein Gerichtsverfahren vermeiden und so dann schneller zu einem Ergebnis kommen.

Beispiel:

„Sind die Parteien uneinig darüber, ob [...], hat jede Partei das Recht, diese Fragen durch einen von der Industrie- und Handelskammer am Sitz von ANWENDER zu benennenden, öffentlich bestellten und vereidigten IT-Sachverständigen klären zu lassen. Die Entscheidung des Sachverständigen ist bindend. Die Kosten des Sachverständigen trägt die unterlegene Partei; bei teilweisem Unterliegen und teilweisem Obsiegen legt der Sachverständige eine Quote für die Kostentragung nach billigem Ermessen fest."

3.33   Schlussbestimmungen

Es gibt einige Schlussbestimmungen, die grundsätzlich in jedem Vertrag vorhanden sind. Diese werden im Folgenden dargestellt.

3.33.1   Schriftform

Wer schreibt, der bleibt. Es empfiehlt sich daher zu vereinbaren, dass Änderungen des Vertrags schriftlich erfolgen müssen.

Beispiel:

„Der Vertrag und seine Änderungen bedürfen der Schriftform."

Mündliche Vereinbarungen sind trotz der Regelung aber wirksam.[40] Mündliche Vereinbarungen muss allerdings derjenige beweisen, der sich darauf beruft. Also empfiehlt es sich, solche Änderungen oder Ergänzungen, die Sie begünstigen, schriftlich zu bestätigen.

3.33.2   Gerichtsstand

Der Gerichtsstand entscheidet darüber, vor welchem Gericht geklagt werden muss, wenn es zu einem Gerichtsprozess kommt. Zwischen Kaufleuten kann der Gerichtsstand frei vereinbart werden.

Aus Sicht des Anwenders ist es vorteilhaft, wenn der Gerichtsstand am Sitz des Unternehmens ist (ob am konkreten Ort ein Gericht ansässig ist, ist unerheblich; es ist das Gericht zuständig, das für den konkreten Ort zuständig ist). Vor allem hat er dadurch keine Anreise. Einen „Heimvorteil" sollte es dagegen eigentlich nicht gegeben, die Richter entscheiden neutral; aber ob es unterbewusst evtl. in Grenzfällen doch Auswirkungen gibt, ist unklar.

---

[40] *Gestaltung und Management von IT-Verträgen*, Kap. 3.2.1.

Wenn der Lieferant auf seinem Gerichtsstand besteht, lohnt es sich aber nicht, daran den Vertrag scheitern zu lassen. Es sollte dann aber als Kompromiss das vereinbart werden, was das Gesetz ohne Regelung weitgehend vorsieht, nämlich dass derjenige, der klagt, dies am Gerichtsstand des Beklagten tun muss. Sie können das damit begründen, dass diese gesetzliche Regelung hochgradig gerecht ist, da derjenige, der verklagt wird, dies nicht beeinflussen kann und daher nicht auch noch den Nachteil weiter Reisezeiten auf sich nehmen soll.

Beispiel:

„Gerichtsstand ist der Sitz der beklagten Partei."

Zur Frage des Gerichtsstands bei internationalen Beschaffungsverträgen siehe Kapitel 6 (S. 101 ff).

3.33.3   Rechtswahl

Eine Regelung zu der Frage, welches nationale Recht anwendbar ist, ist erforderlich, wenn der Vertrag in irgendeiner Weise einen Auslandsbezug hat (siehe dazu und was dabei zu beachten ist Kapitel 6, S. 101 ff).

4 Besonderheiten bei agiler Softwareentwicklung

4.1 Einführung

Immer mehr Software wird agil entwickelt, mit Methoden wie Scrum, Kanban oder eXtreme Programming. Die rechtliche Einordnung wird unter Juristen noch diskutiert. Als überwiegende Auffassung hat sich wohl herausgebildet, dass bei der Vertragsgestaltung jeder einzelne Sprint als einzelner Werkvertrag[41] zu behandeln ist. Dennoch passt das rechtliche Konzept des Werkvertrags nicht genau, da beim Werkvertrag ein vorher definierter Erfolg geschuldet ist, den es beim einzelnen Sprint so nicht gibt. Auch liegt bei agiler Softwareentwicklung mehr (Mit-)Verantwortung beim Anwender. In der Praxis zeigt sich, dass agile Methoden oft mit klassischen Methoden kombiniert werden, so dass die bisher dargestellten vertraglichen Regelungen weiter von Bedeutung sind. Aber auch bei rein agiler Entwicklung ist ein Großteil der Regelungen von klassischen IT-Beschaffungsverträgen weiter anwendbar, z.B. Rechte am Ergebnis (mit Unterschieden im Detail); Geheimhaltung; Gerichtsstand etc. Die wesentlichen Unterschiede, die bei Verträgen über agile Softwareentwicklung zu beachten sind, stellen wir im Folgenden dar.

4.2 Vergütung

In der Regel wird die Vergütung bei Verträgen über agile Softwareentwicklung auf der Basis der erbrachten Stunden erfolgen. Eine Regelung hierzu ist wichtig. Denn in der Rechtsprechung ist ungeklärt, ob ein agiler Vertrag als Werkvertrag oder als Dienstvertrag einzustufen ist[42]. Bei einem Werkvertrag ist Voraussetzung für die Zahlung die Abnahme[43], die aber häufig nicht erfolgen wird, wenn der Sprint nicht das vom Anwender gewünschte Ergebnis erbracht hat. Manche Gerichte haben zwar angedeutet, dass sich z.B. schon aus der Natur einer Entwicklung nach Scrum ergeben könnte, dass, auch wenn man den Vertrag als Werkvertrag einstuft, dennoch eine Bezahlung ohne Abnahme geschuldet ist. Da hier aber vieles offen ist, wird eine Regelung hierzu zur Vermeidung von späterem Streit unbedingt empfohlen.

---

[41] Zum Werkvertrag siehe auch oben S. 24 und *Gestaltung und Management von IT-Verträgen*, Kap. 6.1.

[42] Zur Abgrenzung Werkvertrag und Dienstvertrag siehe *Gestaltung und Management von IT-Verträgen*, Kap. 6.2.

[43] Siehe o. S. 32.

© Springer-Verlag GmbH Deutschland, ein Teil von Springer Nature 2022
M. Erben, W. G. H. Günther, *Beschaffung von IT-Leistungen*,
https://doi.org/10.1007/978-3-662-65077-6_4

Aus Anwendersicht ist dies im Ansatz problematisch, da der Anwender nicht von Vornherein weiß, ob die erbrachten Stunden auch für ihn brauchbare Ergebnisse bringen. Wenn der Anwender aber der Auffassung ist, dass agile Softwareentwicklung effizienter ist und bessere Ergebnisse bringt als klassische IT-Projektentwicklung – und ohne eine solche Auffassung wird er sich nicht auf ein agiles Projekt einlassen –, wird er auch davon ausgehen, dass die erbrachten Stunden über das ganze Projekt gesehen sinnvoll investiert sind.

Etwas weitergehend absichern kann sich der Anwender dadurch, dass er zusätzlich Bonus-Malus-Regelungen vereinbart; oder, noch weitergehend, dass die erbrachten Stunden ohne Gewinnmarge bezahlt werden und die Gewinnmarge dann davon abhängt, dass der Lieferant bestimmte Bonus-Kriterien erfüllt. Als solche Kriterien kommen bei agiler Softwareentwicklung z.B. in Betracht:

- Performance der Software;

- Funktionalitäten der Software;

- Zeit bis zum Projektende;

- Einhaltung des geplanten Budgets.

4.3   Vergütung bei Kündigung des Vertrags

Wichtig ist auch, die Vergütung bei zwischenzeitlicher Kündigung des Vertrags zu regeln. Grundsätzlich wird man auch hier die geleisteten Stunden vergüten. Da wegen der noch nicht erfolgten Fertigstellung die o.g. Bonuskriterien nicht greifen, kann z.B. als Motivation für eine schnelle und gute Übergabe an den neuen Lieferanten als Bonuskriterium eingeführt werden, wie schnell und wie gut die Übergabe funktioniert.

Welche Kriterien hier im Einzelnen sinnvoll sind, hängt von dem jeweiligen Projekt ab und muss letztlich vom Anwender entschieden werden.

4.4   Verantwortlichkeit für Ergebnisse

Anders als bei klassischer Softwareentwicklung ist der Lieferant nicht für das Gesamtergebnis verantwortlich. Üblicherweise ist bei agilen Projekten der Anwender selbst für das Ergebnis verantwortlich („Project Owner"). Geregelt werden kann und sollte aber, wer für das Ergebnis eines jeden Sprints verantwortlich ist. Das kann für unterschiedliche Sprints auch unterschiedlich sein; die nähere Ausgestaltung hängt von der entsprechenden agilen Vorgehensmethode ab.

4.5   Begriffsdefinitionen

Da bei agilen Verträgen sehr viel mit neuen, nicht allgemein verbindlich definierten Begriffen wie z.B.

- Sprint,

- Sprintmaster,

- Product backlog (Dokumentation der vom Anwender aufgestellten Anforderungen), etc.

gearbeitet wird, ist es noch mehr als bei klassischen Verträgen sinnvoll, Begriffe zu definieren.

4.6   Aufgaben des (z.B.) Scrum Masters

Die Aufgaben des Scrum Masters bzw. der entsprechenden Position in anderen agilen Entwicklungsmethoden sollen möglichst genau definiert werden. Sinnvollerweise wird dieser nicht Mitglied eines Teams, sondern überwacht, dass die agile Methode auch eingehalten wird, und löst Konflikte.

Es bietet sich auch an, dass die Person, die in einem klassischen Projekt Projektleiter gewesen wäre, hauptverantwortliches Mitglied eines jeden Teams gleichzeitig wird, damit diese einen Überblick wahrt. Ggf. können das auch der Projektleiter von Lieferant und Anwender gemeinsam, insb. auch, um Arbeitnehmerüberlassung[44] zu vermeiden. Denn wenn nur ein Mitarbeiter des Anwenders Teamleiter ist, kann er den Mitarbeitern des Lieferanten Weisungen erteilten. Das kann dann aber dazu führen, dass die Mitarbeiter des Lieferanten rechtlich als dem Anwender überlassene Arbeitnehmer angesehen werden können. Weitere Maßnahmen zur Vermeidung von möglicher Arbeitnehmerüberlassung stellen wir in Kapitel 8.2 dar.

4.7   Kurze Deeskalationsmechanismen

Kurze Deeskalationsmechanismen sind grundsätzlich Teil von agilen Softwareentwicklungsmethoden. Dennoch muss auch dies im Vertrag geregelt werden, gerade da es keine rechtlich einheitliche Definition der konkreten agilen Entwicklungsmethoden gibt und z.B. verschiedene Scrum-Zertifizierungen (mit unterschiedlichen Anforderungen) auf dem Markt konkurrieren.

---

[44] Allgemein zur Arbeitnehmerüberlassung siehe unten S. 117 ff.

4.8   Teams

Bei agiler Softwareentwicklung spielen Teams eine noch größere Rolle als bei herkömmlichen Projekten, da die Teams große Entscheidungsfreiheiten haben. Daher sind hierzu verschiedene vertragliche Regelungen erforderlich.

4.8.1   Auswahl der Teammitglieder

Der Anwender sollte sich ein Mitspracherecht bei der Auswahl der Teammitglieder einräumen lassen bzw. zumindest die Pflicht des Lieferanten regeln, nur entsprechend für agile Softwareerstellung qualifizierte und geschulte Mitarbeiter einzusetzen.

4.8.2   Austausch von Teammitgliedern

Bei agilen Projekten ist es besonders wichtig, dass das Team gut zusammenarbeitet. Der Anwender sollte daher darauf achten, dass er das Recht hat, jederzeit den Austausch von Teammitgliedern zu verlangen.

4.8.3   Begrenzung der Änderung der Teams

Umgekehrt ist es auch wichtig, dass sich die Zusammensetzung der Teams zwischen den einzelnen Sprints nicht allzu sehr ändert. Denn andernfalls geht das bei den Teammitgliedern im Lauf des Projekts gesammelte Know-how verloren.

4.9   Gewährleistungsregelungen

Bei agiler Softwareentwicklung können die klassischen Gewährleistungsregelungen oft nicht greifen, da es keine genau definierten Anforderungen gibt, anhand derer Abweichungen der Ist-Beschaffenheit von der Soll-Beschaffenheit gemessen werden können, denn die agile Entwicklung ist grundsätzlich weitgehend ergebnisoffen. Hinzu kommt, dass der Lieferant bei agilen Methoden meist selbst (zumindest mit) ergebnisverantwortlich ist. Grundsätzlich soll die agile Software am Ende der Entwicklung weitgehend fehlerfrei sein, da Fehler in nachfolgenden Sprints (oder im Rahmen einer Verlängerung des Sprints) behoben werden sollen. Andere Fehler können in der Pflegephase behoben werden.

Beispiel:

„Für Mängel der Dokumentation gelten die gesetzlichen Bestimmungen über Werkverträge. Für alle anderen Mängel gilt: Diese werden in folgenden Sprints behoben. Mängel, die erst nach Abschluss der Entwicklung auftreten, werden vom Lieferanten im Rahmen der Pflege entsprechend den Bestimmungen über die Pflege behoben."

4.10   Anpassungen der Regelungen zu Change Requests

Die Regelungen zu Change Requests müssen so angepasst werden, dass sie für agile Softwareentwicklung passen. Dies wird in der Regel dadurch erreicht, dass die Änderungen dem Product Backlog hinzugefügt werden.

Beispiel:

„Will ANWENDER die Anforderungen ändern (was Erweiterungen umfasst), wird dies dem Product Backlog hinzugefügt. Die Planung der Sprints wird entsprechend angepasst.

Die Vergütung für die Realisierung eines Änderungswunsches erfolgt entsprechend den bestehenden Regelungen über die Vergütung.

Vereinbarungen über Änderungen der Anforderungen bedürfen der Schriftform. Der Lieferant wird das Verlangen nach Anpassungen unverzüglich geltend machen."

4.11   Dokumentationspflicht

Besonders wichtig bei Verträgen über agile Softwareentwicklung ist, dass eine Pflicht aufgenommen wird, dass die Software bereits während der Entwicklung laufend dokumentiert wird. Denn andernfalls kann nach einer Kündigung das Projekt nicht ohne weiteres von einem anderen Lieferanten fortgeführt werden. Dies gilt vor allem auch deshalb, da es Gerichtsentscheidungen dahingehend gibt, dass grundsätzlich kein Mangel der Software vorliegt auch bei nur rudimentärer Dokumentation eines agilen Softwareprojekts, bei dem die Systemarchitektur und Komponenten (anders als der Quellcode) nicht dokumentiert sind und die nicht ausreichend ist, damit ein fachkundiger Dritter die Entwicklung fortsetzen kann. Das gilt jedenfalls, solange der Anwender den Lieferanten nicht bezahlt hat.

Eine Verpflichtung zur laufenden Dokumentation ist zudem auch deshalb besonders wichtig, da der Anwender bei agiler Softwareentwicklung weniger rechtliche Druckmittel gegenüber dem Lieferanten hat als bei klassischen IT-Beschaffungsverträgen. Denn z.B. Nichtzahlung aufgrund nicht eingehaltener Termine gibt es mangels Terminvorgaben bei agiler Softwareentwicklung nicht, da bei agilen Entwicklungsprojekten in der Regel nicht vorhergesehen werden kann, wie viele Sprints notwendig sind, bis das Ergebnis feststeht und es bei agilen Entwicklungsprojekten in der Regel auch kein vorher genau definiertes Ergebnis gibt. Der Anwender kann daher den Lieferanten bei agilen Entwicklungsprojekten in der Regel nicht durch Druckmittel wie Nichtzahlung oder Vertragsstrafen[45] zu ordentlicher, zügiger

---

[45] Siehe o. S. 46.

Arbeit anhalten. Daher hat der Anwender bei Unstimmigkeiten mit dem Lieferanten häufig nur das Mittel, die Zusammenarbeit mit dem Lieferanten zu kündigen. Der Anwender muss daher für den Fall einer Kündigung besonders gut abgesichert sein.

4.12   Nutzungsrechte

Bei agiler Softwareentwicklung entwickeln der Lieferant und der Anwender in der Regel gemeinsam. Urheberrechtlich führt das zu sog. Miturheberschaft. Auch hier ist es also wichtig, dass der Anwender sich vom Lieferanten Nutzungsrechte einräumen lässt, da er andernfalls bei jeder Verwertung auf die Zustimmung des Lieferanten angewiesen ist. Dies ist auch deshalb wichtig, da andernfalls eine BGB-Gesellschaft (GbR, Gesellschaft bürgerlichen Rechts) entstehen kann, was zu rechtlichen Folgeproblemen führt und zudem dazu, dass diese GbR ggf. Gewerbesteuer und Umsatzsteuer zahlen (bzw. mit erheblichen Zinsen nachzahlen) muss.

Der Lieferant wird sich oft auf den Standpunkt stellen, dass er gerade bei agiler Softwareentwicklung dem Anwender keine ausschließlichen Nutzungsrechte einräumen kann, da er Teile des Codes wiederverwertet. Grundsätzlich besteht dieses Problem allerdings auch bei klassischer Softwareentwicklung, so dass auf die entsprechenden Ausführungen dazu verwiesen werden kann.[46] Bei agiler Softwareentwicklung wird sich das Problem aber in der Regel noch stärker stellen. Der Anwender sollte sich daher hier besonders fragen, ob er tatsächlich die ausschließlichen Rechte am Quellcode benötigt, oder ob es ihm nicht vielmehr nur darum geht, dass der mit der Software abgebildete Prozess nicht auch von Konkurrenten genutzt werden kann. Dies lässt sich dann meist auch durch eine Geheimhaltungsregelung erreichen.

4.13   Quellcode

Gerade auch vor dem Hintergrund einer ggf. vorzeitigen Projektbeendigung ist bei Verträgen über agile Softwareentwicklung wichtig, dass klargestellt ist, dass der Anwender jederzeit Zugriff auf den erstellten Quellcode hat.

---

[46] Siehe o. S. 52.

4.14   Kündigungsrechte

Der Anwender sollte auch darauf achten, dass er jederzeit das Recht hat, aus dem agilen Projekt aussteigen zu können. Denn aufgrund der Besonderheiten der agilen Softwareentwicklung kann er das Projekt nicht so steuern, wie er das bei einem klassischen Vertrag kann.[47]

---

[47] Siehe auch oben S. 65.

5 Besonderheiten beim Cloud Computing

5.1 Einführung

Cloud Computing kommt in vielen verschiedenen Varianten vor. So kann es um die Bereitstellung der Anwendung/Software gehen, als sog. ASP (Application Service Providing) oder SaaS (Software as a Service). Es kann auch die Bereitstellung einer IT-Plattform umfassen. Denkbar sind auch die Bereitstellung eines kompletten IT-Systems mit Infrastruktur und Anwendungen, bis hin zum vollständigen IT Outsourcing. Es kann aber auch nur um die Bereitstellung von Speicherkapazität in der Cloud gehen; hier ist die vertragsrechtliche Bewertung ähnlich wie bei der Bereitstellung von Speicherkapazität in einem herkömmlichen Rechenzentrum. Denn einziger Unterschied der Cloud zu herkömmlichen Auslagerungen von IT ist aus rechtlicher Sicht, dass bei der „Cloud" nicht genau definiert ist, an welchem Ort die Daten physikalisch gespeichert bzw. verarbeitet werden. Das ist für den Anwender weitgehend unerheblich, solange die Speicherung in Deutschland erfolgt.

Geringe Unterschiede kann es geben, wenn die Daten in einem anderen Mitgliedstaat der EU verarbeitet werden, weil dann ggf. die dort geltenden Gesetze für den Umgang mit den Daten gelten. Im praktisch wichtigsten Fall, nämlich dem Datenschutz, bestehen innerhalb der EU aber spätestens seit Inkrafttreten der Datenschutzgrundverordnung (DSGVO) am 25.05.18 nur geringe Unterschiede; v.a. wenn, wie üblich, das Instrument der sog. Auftragsdatenverarbeitung genutzt wird (siehe dazu Kap. 5.3).

Größere Unterschiede ergeben sich im Hinblick auf den Datenschutz, wenn die Daten ggf. auch außerhalb der EU verarbeitet werden sollen. Daher bieten heute viele Cloud-Anbieter an, vertraglich zu vereinbaren, dass die Daten nur in der EU oder sogar nur in Deutschland verarbeitet werden dürfen; die „Cloud" ist dann also räumlich begrenzt.

5.2 Vertragsgestaltung

5.2.1 Cloud Computing als Mietvertrag

Auf die Bereitstellung/Nutzung von Software als ASP oder SaaS wendet die Rechtsprechung weitgehend Mietvertragsrecht an, ebenso wie auf die Bereitstellung von Speicherkapazität.

© Springer-Verlag GmbH Deutschland, ein Teil von Springer Nature 2022
M. Erben, W. G. H. Günther, *Beschaffung von IT-Leistungen*,
https://doi.org/10.1007/978-3-662-65077-6_5

Dazu kommen meist Dienstleistungen, nämlich Anwenderbetreuung und Support. Solche Serviceleistungen sind regelmäßig Dienstverträge.[48]

Das Mietvertragsrecht hat gegenüber dem Kauf für den Anwender einige Vorteile. Diese werden wirtschaftlich dadurch ausgeglichen, dass der Anwender wiederkehrende Zahlungen zu leisten hat, s. unten S. 73, die irgendwann insgesamt eine Einmalzahlung beim Kauf übersteigen können, insb. bei Gewährleistung und Haftung. Denn wenn die Leistung nicht zur Verfügung steht, kann der Anwender die Vergütung automatisch und unabhängig vom Verschulden des Lieferanten[49] kürzen, sog. Minderung). Auch die Haftung auf Schadensersatz ist für den Anwender vorteilhaft. Denn der Lieferant haftet für bei Vertragsschluss vorhandene Mängel ohne Rücksicht auf ein Verschulden des Anwenders. Lediglich bei Mängeln, die erst bei der Vertragsdurchführung entstehen, haftet der Lieferant nur bei Verschulden.

Aus Anwendersicht ist daher in Beschaffungsverträgen nicht sonderlich viel zu regeln, weil das Gesetz für ihn bereits günstig ist. Der Anwender muss eher darauf achten, dass der Lieferant im Vertrag die gesetzliche Regelung nicht zu sehr zu seinen Gunsten abschwächt.

Anders als bei einem Kauf ist bei der Miete die Aufrechterhaltung der Gebrauchsfähigkeit Vertragsgegenstand. Sie kennen das, wenn Sie einmal zur Miete gewohnt haben: Wenn die Heizung defekt ist, ist der Vermieter dafür verantwortlich, sie zu reparieren. Wenn Sie dagegen eine Wohnung oder ein Haus kaufen, sind Sie als Eigentümer nach Ablauf der Gewährleistungsfrist selbst dafür verantwortlich.

Die Mängelbeseitigung ist damit bei Miete eine der vertraglich geschuldeten Hauptleistungen des Cloud-Anbieters etc. Die Verletzung der Pflicht zur Mängelbeseitigung durch den Lieferanten führt zu Gewährleistungsansprüchen des Anwenders. Daher ist auch ein bestimmtes Maß an Weiterentwicklung der Software als Aufrechterhaltung der vertragsgemäßen Nutzung bei Miete geschuldet, ohne dass der Anwender dafür mehr als die ohnehin vereinbarte Vergütung zahlen muss. Aus diesem Grund ist die Weiterentwicklung bei Miete und daher bei Überlassung von Software im Rahmen von Cloud Computing, SaaS, ASP etc. nur zum Teil ein separates Pflege-Thema.

Beispiel:

Bei einer Buchhaltungssoftware muss der Lieferant bei Cloud Computing eine Änderung des Mehrwertsteuersatzes im Rahmen der Aufrechterhaltung der vertragsgemäßen Nutzung einpflegen, da die Software andernfalls unbrauchbar würde.

---

[48] Zum Dienstvertragsrecht siehe *Gestaltung und Management von IT-Verträgen*, Kap. 6.2.

[49] Auch in diesem Kapitel sprechen wir aus Gründen der Einheitlichkeit von „Lieferant", auch wenn physisch nicht unbedingt etwas „geliefert" wird.

Der Anwender muss daher bei Verträgen über Cloud Computing etc. im Pflegevertrag nur das regeln, was nicht mehr als Weiterentwicklung zur Aufrechterhaltung der vertragsgemäßen Nutzung angesehen werden kann, also v.a. die Einfügung neuer Funktionen.

5.2.2   Gliederung des Vertrags

Auch wenn ein Cloud-Computing-Vertrag als Mietvertrag eingestuft wird[50], kann es für den Anwender vorteilhaft sein, wenn einzelne Vertragsteile einem anderen Recht unterliegen. So ist es nicht sinnvoll, wenn im Vertrag ggf. auch enthaltene Schulungsleistungen dem Mietvertragsrecht unterliegen. Gliedern Sie daher den Vertrag nach den entsprechenden Leistungen und unterstellen Sie bestimmte Vertragsteile ggf. einem anderen Recht als dem Mietvertragsrecht.

5.2.3   Leistungsbeschreibung

Wichtig im Rahmen des Cloud Computing und ähnlicher Verträge ist, dass die Leistungen genau beschrieben werden, weil es keine rechtlich bindende Definition von „Cloud Computing" gibt und es wie oben[51] gezeigt sehr viele unterschiedliche Varianten geben kann. Zur Verfügbarkeit s. sogleich S. 73.

5.2.4   Nutzungsrechte

Neben den üblichen Regelungen über Nutzungsrechte[52] ist beim Cloud-Computing-Vertrag besonders darauf zu achten, Regelungen darüber zu treffen, ob z.B. Konzerntöchter die Leistungen ebenfalls nutzen dürfen. Da es sich bei Cloud-Computing-Verträgen um Mietverträge handelt, könnten andernfalls die Regelungen zur Untervermietung greifen, die nicht gut passen und zudem ggf. zu anderen Ergebnissen führen können als die urheberrechtlichen Regelungen (Zweckübertragungsregel, siehe S. 22).

5.2.5   Vergütung, aktuelle Software, Kündigungsfristen

Ferner ist wichtig, die Höhe der Vergütung zu regeln. Aufgrund der oben beschriebenen zahlreichen rechtlichen Vorteile für den Anwender beim Mietvertragsrecht wird der Lieferant sich das bezahlen lassen wollen. Dennoch kann dies für den Anwender auch finanziell attraktiv sein, denn neben den üblichen betriebswirtschaftlichen Vorteilen von Miete wie Liquiditätsschonung, Planbarkeit etc. kommt hinzu, dass der Anwender jeweils schnell auf

---

[50] Siehe S. 69.

[51] Siehe S. 69.

[52] Siehe S. 22.

neuere Software umsteigen kann. Daher soll Vertragsbestandteil sein, dass der Anwender immer die neueste Variante der Software nutzen kann (das wird der Lieferant in der Regel von sich aus anbieten, da er kein Interesse daran hat, mehrere Versionen in der Cloud zu pflegen).

Der Anwender soll auch darauf achten, dass er möglichst kurze Kündigungsfristen vereinbart, damit er ggf. schnell auf andere Lieferanten/Software umsteigen kann.

5.2.6 Verfügbarkeit

Der Lieferant wird aus den o.g. Gründen versuchen, die vereinbarte Leistung so zu beschreiben, dass schon gar nicht Vertragsgegenstand ist, dass die Leistung immer zur Verfügung steht.[53] Daher wird er Regelungen zur Verfügbarkeit treffen. Aus Sicht des Anwenders ist das nachteilig, da er die Leistung dann nicht ständig verfügbar hat. Andererseits ist klar, dass z.B. bei Updates technisch ein Ausfall der Leistung oft zwingend ist. Es müssen daher die Messmechanismen und Verantwortlichkeiten genau festlegt werden.

Für den Anwender ist eine möglichst kurze Messperiode besser als z.B. eine jährliche Messperiode, damit der Lieferant nicht z.B. schlechte Verfügbarkeiten in einem Monat durch hohe Verfügbarkeiten in einem anderen Monat ausgleichen kann, denn z.B. 99% gerechnet auf einen Monat sind ca. 0,3 Tage, während 99% auf ein Jahr gerechnet 3,65 Tage sind, die dann theoretisch am Stück ausfallen dürfen.

Sinnvoll ist ggf. auch ein Messsystem, das misst (z.B. über ein ständiges „Ping"), ob das Internet überhaupt verfügbar ist, damit klar ist, ob der Lieferant oder das Internet verantwortlich dafür ist, dass nicht auf die Cloud zugegriffen werden kann. Es bietet sich an, einen neutralen Dritten mit diesen Messungen zu beauftragen.

5.2.6.1 Vertragsstrafen

Wichtig ist auch, die Rechtsfolgen bei nicht eingehaltenen Verfügbarkeitsvorschriften zu regeln. Das Gesetz sieht ohne Regelung bei fehlender Verfügbarkeit Minderung vor; weiterhin dann auch Schadensersatz, wobei es dem Anwender in der Regel schwerfallen wird, zu beweisen, dass wegen der Nichtverfügbarkeit ein in Geld genau bezifferbarer Schaden entstanden ist. Der Anwender will daher möglichst Vertragsstrafen vereinbaren[54].

5.2.6.2 Bonus-/Malus-Regelungen

Häufig werden im Zusammenhang mit der Verfügbarkeit auch Bonus-/Malus-Regelungen vereinbart. Das ist im Ergebnis, soweit es um Malus-Regelungen geht, kaum etwas anderes

---

[53] Zur Leistungsbeschreibung siehe S. 19.

[54] Zu Vertragsstrafen siehe auch S. 46.

als eine Vertragsstrafe. Allerdings wird der Lieferant das auch häufig in die Vergütung ein-kalkulieren. Und eine Übererfüllung ("Bonus") bringt dem Anwender nichts. Also kann es sinnvoll sein, andere Mechanismen zu vereinbaren. Das könnte z.B. eine Regelung sein, ge-mäß der beim zweiten oder dritten Verstoß gegen die Verfügbarkeitsvorgaben die Sache gleich an die Geschäftsleitung übergeben wird und die Projektleiterebene/Abteilungsleiter-ebene übersprungen wird.

5.2.7 Maximale Ausfallzeit

Neben der Verfügbarkeit soll ggf. auch die sog. maximale Ausfallzeit geregelt werden. Da-mit ist die maximale Dauer eines einzelnen Ausfalls gemeint.

5.2.8 Regelungen zur Vertragsbeendigung

Der Anwender muss auch darauf achten, dass seine Interessen im Falle einer Vertragsbeen-digung gewahrt sind. Gerade in solchen Fällen hat der Lieferant meist kein Interesse mehr, dem Anwender freiwillig entgegenzukommen. Wichtig ist daher vor allem, zu regeln, dass die in der Cloud gespeicherten Daten dem Anwender rechtzeitig übergeben werden, und zwar in bearbeitbarem Format.

Auch soll geregelt werden, dass der Lieferant den Anwender bei der Umstellung unterstüt-zen muss, wobei der Lieferant so eine Regelung meist nur akzeptieren wird, wenn er dafür eine gesonderte Vergütung erhält. Die Höhe und Berechnung der Vergütung sollte daher schon im Voraus bei Vertragsschluss geregelt werden, da der Anwender dann eine wesent-lich bessere Verhandlungsposition hat. Denn zu diesem Zeitpunkt möchte der Lieferant, dass der Anwender ihm den Auftrag erteilt, während nach Vertragsbeendigung der Anwen-der auf den Lieferanten zur Unterstützung angewiesen ist.

Oft benötigt der Anwender die Daten oder Teile davon gar nicht mehr, muss sie aber auf-grund gesetzlicher, v.a. steuerrechtlicher, Vorgaben noch für eine bestimmte Zeit aufbewah-ren. Daher sollte auch geregelt werden, dass der Lieferant die Daten nach Vertragsbeendi-gung noch aufbewahren muss, und die Höhe der Vergütung, die der Lieferant dafür erhält, sollte im Vertrag festgelegt werden.

5.2.9 Verpflichtung zu technischen und organisatorischen Maßnahmen

Seit dem 29.06.17 haben Anbieter digitaler Dienste gem. § 8 c BSIG geeignete und verhält-nismäßige technische und organisatorische Maßnahmen zu treffen, um Risiken für die Si-cherheit der Netz- und Informationssysteme zu bewältigen, die sie zur Bereitstellung der digitalen Dienste innerhalb der Europäischen Union nutzen. Unter Anbieter digitaler Dienste fallen gem. Art. 4 Nr. 19 NIS-RL auch Cloud-Dienste. Daher soll der Anbieter ver-pflichtet werden, die technischen und organisatorischen Maßnahmen zu treffen, die § 8 c

BSIG vorsieht. § 8 c Abs. 1 und 2 BSIG lauten:

(1) Anbieter digitaler Dienste haben geeignete und verhältnismäßige technische und organisatorische Maßnahmen zu treffen, um Risiken für die Sicherheit der Netz- und Informationssysteme, die sie zur Bereitstellung der digitalen Dienste innerhalb der Europäischen Union nutzen, zu bewältigen. Sie haben Maßnahmen zu treffen, um den Auswirkungen von Sicherheitsvorfällen auf innerhalb der Europäischen Union erbrachte digitale Dienste vorzubeugen oder die Auswirkungen so gering wie möglich zu halten.

(2) Maßnahmen zur Bewältigung von Risiken für die Sicherheit der Netz- und Informationssysteme nach Absatz 1 Satz 1 müssen unter Berücksichtigung des Stands der Technik ein Sicherheitsniveau der Netz- und Informationssysteme gewährleisten, das dem bestehenden Risiko angemessen ist. Dabei ist folgenden Aspekten Rechnung zu tragen:

1. der Sicherheit der Systeme und Anlagen,

2. der Erkennung, Analyse und Eindämmung von Sicherheitsvorfällen,

3. dem Betriebskontinuitätsmanagement,

4. der Überwachung, Überprüfung und Erprobung,

5. der Einhaltung internationaler Normen.

Die notwendigen Maßnahmen werden durch Durchführungsrechtsakte der Kommission nach Artikel 16 Absatz 8 der Richtlinie (EU) 2016/1148 näher bestimmt.

Laut dem Durchführungsrechtsakt der Kommission gehören zur Sicherheit der Systeme und Anlagen:

■ a) das systematische Management von Netz- und Informationssystemen, d. h. eine Erfassung und Abbildung der Informationssysteme und die Einführung einer Reihe von geeigneten Maßnahmen für das Management der Informationssicherheit, einschließlich Risikoanalyse, Humanressourcen, Betriebssicherheit, Sicherheitsarchitektur, Lebenszyklus-Management gesicherter Daten und Systeme sowie gegebenenfalls Verschlüsselung und Verschlüsselungsmanagement;

■ b) die physische Sicherheit und die Sicherheit der Umgebung, d. h. das Vorhandensein einer Reihe von Vorkehrungen zum Schutz der Sicherheit der Netz- und Informationssysteme von Anbietern digitaler Dienste vor Schäden anhand eines risikobasierten Allgefahrenansatzes, der beispielsweise Systemversagen, menschliche Fehler, böswillige Handlungen oder Naturereignisse berücksichtigt;

■ c) die Versorgungssicherheit, d. h. die Einführung und Aufrechterhaltung geeigneter Maßnahmen zur Gewährleistung der Zugänglichkeit und gegebenenfalls der Rückverfolgbarkeit unentbehrlicher Güter oder Vorleistungen, die für die Bereitstellung der Dienste genutzt werden;

■ d) die Kontrolle des Zugangs zu Netz- und Informationssystemen, d. h. das Vorhandensein einer Reihe von Vorkehrungen, die gewährleisten, dass der physische und logische Zugang zu Netz- und Informationssystemen, einschließlich der administrativen Sicherheit der Netz- und Informationssysteme, auf der Grundlage von Geschäfts- und Sicherheitsanforderungen genehmigt bzw. eingeschränkt wird.

Zu den Vorkehrungen zur Bewältigung von Sicherheitsvorfällen gehören:

■ a) Aufrechterhaltung und Erprobung von Erkennungsprozessen und -verfahren zur Gewährleistung einer rechtzeitigen und angemessenen Lageerfassung bei ungewöhnlichen Ereignissen;

■ b) Prozesse und Vorgaben für die Meldung von Vorfällen und die Feststellung von Schwachstellen und Anfälligkeiten in ihren Informationssystemen;

■ c) Reaktion gemäß den festgelegten Verfahren und Berichterstattung über die Ergebnisse der ergriffenen Maßnahme;

■ d) Bewertung der Schwere des Sicherheitsvorfalls mit einer Dokumentierung der Erkenntnisse aus der Vorfallanalyse und einer Sammlung relevanter Informationen, die als Nachweis dienen können und einen kontinuierlichen Verbesserungsprozess fördert.

Zum Betriebskontinuitätsmanagement gehören:

■ a) die Erstellung und Anwendung von Notfallplänen auf der Grundlage einer Analyse der betrieblichen Auswirkungen zur Gewährleistung der Kontinuität der vom Anbieter digitaler Dienste erbrachten Leistungen, die regelmäßig bewertet und erprobt werden, z. B. anhand von Übungen;

■ b) Wiederherstellungskapazitäten, die regelmäßig bewertet und erprobt werden, z. B. anhand von Übungen.

Zur Überwachung, Überprüfung und Erprobung gehören:

■ a) Durchführung einer planmäßigen Abfolge von Kontrollen oder Messungen, um zu beurteilen, ob die Netz- und Informationssysteme bestimmungsgemäß funktionieren;

■ b) Kontrolle und Überprüfung, um zu ermitteln, ob eine Norm oder ein Leitlinienkatalog befolgt wird, Aufzeichnungen korrekt sind und die Effizienz- und Wirksamkeitsvorgaben erfüllt werden;

■ c) Ein Prozess zur Feststellung von Mängeln in den Sicherheitsmechanismen eines Netz- und Informationssystems, die Daten schützen und Funktionen aufrechterhalten sollen. Ein solcher Prozess erstreckt sich auf die technischen Verfahren und das Personal, die in den Betriebsablauf eingebunden sind.

Im Übrigen schreibt die Richtlinie vor, dass Anbieter digitaler Dienste sicherstellen müssen, dass sie über eine angemessene Dokumentation verfügen, anhand derer die zuständige Behörde die Einhaltung der genannten Sicherheitselemente überprüfen kann.

5.2.10   Steuerrechtliche Regelungen

Häufig wird gerade beim Cloud Computing der Anbieter seinen Sitz im Ausland haben. Gem. § 50a EStG muss der Anwender aber unter bestimmten Umständen die vom Lieferanten geschuldeten Steuern an den deutschen Staat abführen. Diese Pflicht kann der Anwender gem. § 50d Abs. 2 EStG aber umgehen, wenn der Lieferant einen Antrag auf Freistellung bzw. Erstattung deutscher Steuern nach dem jeweils anwendbaren Doppelbesteuerungsabkommen stellt. Also sollte der Anwender den Lieferanten dazu verpflichten, dass der Lieferant einen entsprechenden Antrag beim Bundeszentralamt für Steuern stellt.

Das Thema ist komplex und soll, wie alle wichtigen Verträge, auch vom Steuerberater des Anwenders genau geprüft werden.

5.3   Datenschutzrecht beim Cloud Computing

Wichtig ist – gerade im Bereich Cloud Computing – Folgendes:

Grundsätzlich darf man personenbezogene Daten nur mit Zustimmung des Betroffenen an Dritte weitergeben. Personenbezogen sind Daten, die Daten natürlicher Personen (Menschen) betreffen, das Gesetz nennt diesen dann „Betroffener".

Beispiele:

- Name;
- Familienstand;
- Lebenslauf;
- Beruf;
- Vermögen;
- Verträge der natürlichen Person;
- Tätigkeit am Tag X;
- Telefonat mit anderer Person.

Im Folgenden wird zur Vereinfachung in diesem Kapitel nur von Daten gesprochen, gemeint sind immer personenbezogene Daten.

Seit dem 25.05.18 gilt unmittelbar in der gesamten EU die Datenschutz-Grundverordnung DSGVO, die das deutsche BDSG abgelöst hat. Jedes EU-Mitglied kann in bestimmtem Umfang einzelne Regelungen der Datenschutz-Grundverordnung ändern, daher gibt es immer noch ein BDSG mit Zusatzregelungen zur DSGVO.

Soweit ein Unternehmen seinen Sitz nicht in der EU hat und die Daten nicht in der EU erhoben und verarbeitet werden, ist die Datenschutz-Grundverordnung dennoch auch dann anwendbar, wenn das Unternehmen dem Betroffenen in der EU Waren oder Dienstleistungen anbietet (sog. Marktortprinzip). Das gilt v.a. also für Anbieter sozialer Netzwerke und Suchmaschinen, aber auch von Cloud Computing.

Will man die Datenverarbeitung, gerade im Rahmen von Cloud Computing, an Dritte vergeben (outsourcen), wäre es aber kaum praktikabel, die Zustimmung jedes einzelnen Betroffenen (Kunden; Geschäftspartner) einzuholen. Es gibt daher eine Regelung in der DSGVO (früher ähnlich im Bundesdatenschutzgesetz (BDSG)), das diesen Fall dadurch vereinfacht, dass dritte Unternehmen, die Daten „im Auftrag" verarbeiten, so definiert werden, als seien sie gar keine „Dritten", sondern nur eine Abteilung des Auftraggebers der Datenverarbeitung, so dass man daher keine Zustimmung zur Weitergabe der Daten an diese sog. Auftragsverarbeiter benötigt:

> „Im Sinne dieser Verordnung bezeichnet der Ausdruck: [...]

> „Dritter" eine natürliche oder juristische Person, Behörde, Einrichtung oder andere Stelle, außer [...]dem Auftragsverarbeiter [...]"

Diese sog. Auftragsverarbeitung (früher Auftragsdatenverarbeitung genannt) muss aber nach besonderen in der DSGVO festgelegten Kriterien vereinbart werden, damit dieses Privileg greift. Nach dem Gesetz ist der „Auftrag" in Textform zu erteilen, wobei der Vertrag vorsehen muss, dass der Auftragsverarbeiter

- die personenbezogenen Daten nur auf dokumentierte Weisung des Verantwortlichen verarbeitet;

- gewährleistet, dass sich die zur Verarbeitung der personenbezogenen Daten befugten Personen zur Vertraulichkeit verpflichtet haben oder einer angemessenen gesetzlichen Verschwiegenheitspflicht unterliegen;

- alle erforderlichen Maßnahmen zur Sicherheit der Verarbeitung ergreift;

- ggf. die Bedingungen für die Inanspruchnahme der Dienste eines weiteren Auftragsverarbeiters einhält;

- den Verantwortlichen nach Möglichkeit mit geeigneten technischen und organisatorischen Maßnahmen dabei unterstützt, seiner Pflicht zur Beantwortung von Anträgen auf Wahrnehmung Rechte der betroffenen Person nachzukommen;

- unter Berücksichtigung der Art der Verarbeitung und der ihm zur Verfügung stehenden Informationen den Verantwortlichen bei der Einhaltung der Pflichten zur Sicherheit und bei Datenschutzvorfällen unterstützt;

- nach Abschluss der Verarbeitungsleistungen alle personenbezogenen Daten nach Wahl des Verantwortlichen entweder löscht oder zurückgibt;

- dem Verantwortlichen alle erforderlichen Informationen zum Nachweis der Einhaltung der Pflichten zur Verfügung stellt und Überprüfungen – einschließlich Inspektionen –, ermöglicht und dazu beiträgt.

Auch im Datenschutzrecht gilt, wie im Urheberrecht (siehe S. 102), international das Territorialitätsprinzip, d. h., es findet immer das Recht des Landes Anwendung, in dem die Daten verarbeitet werden. Davon gibt es aber eine wichtige Ausnahme: Innerhalb der EU ist das Recht des Landes anzuwenden, in dem das Unternehmen seinen Sitz hat (bzw. in dem es eine Niederlassung hat), das die Daten verarbeitet. Das bedeutet, dass Sie sich bei Daten, die innerhalb der EU erhoben, verarbeitet oder genutzt werden, nicht um fremde Rechtsordnungen kümmern müssen, sondern nur um die am Sitz Ihres Unternehmens bzw. dessen Niederlassung. Damit können Sie hier im Regelfall deutsches Recht zu Grunde legen, auch wenn Ihr Unternehmen Daten in einem anderen EU-Land verarbeitet.

Wenn dagegen Daten aus der EU in ein Nicht-EU-Land übermittelt und/oder dort verarbeitet werden sollen (etwa, weil der Dienstleister seinen Sitz in einem Nicht-EU-Land hat), ist das neben den allgemeinen Voraussetzungen, die das Datenschutzrecht für die Übermittlung von Daten aufstellt, nur möglich, wenn

- zusätzlich entweder dieser Nicht-EU-Staat ein sog., von der EU-Kommission festgestelltes angemessenes Datenschutzniveau gewährleistet, oder

- besondere Vertragsbedingungen geschlossen werden, die den Vertragspartner im Nicht-EU-Staat zur Einhaltung bestimmter Standards verpflichten (dazu sogleich unten),

- oder bestimmte, in der Praxis eher unwichtige oder meist nicht praktikable Ausnahmen (v. a. Einwilligung der Betroffenen) vorliegen.

Die Staaten des EWR[55] (Island, Liechtenstein, Norwegen) gelten dabei nicht als Drittstaaten, sondern sind (seit Beschluss des Gemeinsamen EWR-Ausschusses vom 06.07.18) den EU-Staaten gleichgestellt.

Ein angemessenes Datenschutzniveau hat die EU z.B. für die Schweiz, Argentinien, bestimmte Kanalinseln und mit Einschränkungen für Kanada festgestellt und am 28.06.21 auch für Großbritannien, zunächst befristet bis 27.06.25.

Anders als unter dem BDSG kann Auftragsverarbeitung mit den o.g. Privilegien also auch außerhalb der EU stattfinden, wenn die eben genannten Voraussetzungen eingehalten sind, allerdings wird dies bei Ländern, für die kein Beschluss über ein angemessenes Datenschutzniveau vorliegt, in der Regel schwierig bis unmöglich sein, v.a. für Datenübermittlung in die USA:

Die USA haben nur in bestimmten Bereichen ein Datenschutzrecht, aber kein allgemeines Datenschutzrecht. Allerdings hatte die EU-Kommission mit dem US-Justizministerium sog. „Safe Harbour Principles" ausgehandelt. Wenn sich US-Unternehmen diesen unterwarfen, was ca. 1000 Unternehmen getan hatten, war die EU-Kommission von einem angemessenen

---

[55] Europäischer Wirtschaftsraum

Schutzniveau ausgegangen. Der Europäische Gerichtshof (EuGH) hat jedoch Ende 2015 entschieden, dass dieses angemessene Schutzniveau u.a. wegen des Zugriffs der US-Geheimdienste auf die Daten nicht bestand, und hat die Regelung daher für unwirksam erklärt. Die EU-Kommission und die USA hatten daher eine neue Vereinbarung, das sog. „EU-US Privacy Shield" ausgehandelt, die u.a. besondere Beschwerderechte von EU-Bürgern vorsah und eine Erklärung des CIA enthielt. Auch diese Vereinbarung wurde aber vom EuGH am 16.07.20 für nicht ausreichend erklärt. Auch der nun noch bleibende Weg über die sog. Standardvertragsklauseln ist im Verhältnis zu den USA aber faktisch kaum noch möglich:

Wenn für einen Nicht-EU-Staat kein angemessenes Datenschutzniveau festgestellt wurde, können zwar besondere Vertragsbedingungen geschlossen werden, die den Vertragspartner zur Einhaltung bestimmter Standards verpflichten. Die EU-Kommission hat dafür bestimmte Standardvertragsklauseln festgelegt. Wenn diese Standardvertragsklauseln mit dem Vertragspartner vereinbart werden, soll das Datenschutzniveau gewahrt sein. Aufgrund der oben genannten Urteile des EuGH ist aber unklar, ob die Klauseln rechtmäßig sind, da die Argumente des Urteils in großen Teilen auch auf die Standardvertragsklauseln zutreffen. Die Standardvertragsklauseln wurden am 04.06.21 überarbeitet. Die Konferenz der Datenschutzbeauftragten des Bundes und der Länder hat daraufhin am 21.06.21 beschlossen, dass die Standardvertragsklauseln zwar grundsätzlich weiterhin als Rechtsgrundlage für Übermittlungen personenbezogener Daten in Drittländer herangezogen werden können. Allerdings müssen alle Verantwortlichen ergänzend eine Prüfung durchführen, ob die Rechtslage oder die Praxis in dem jeweiligen Drittland negativen Einfluss auf das durch die Standardvertragsklauseln gewährleistete Schutzniveau haben können. Ist dies der Fall, etwa weil die Behörden des Drittlands übermäßige Zugriffsrechte auf verarbeitete Daten haben, müssen die Verantwortlichen vor der Datenübermittlung zusätzliche Maßnahmen ergreifen, um wieder ein Schutzniveau zu gewährleisten, das dem in der EU garantierten Niveau der Sache nach gleichwertig ist. Ist dies nicht möglich, müssen die Übermittlungen unterbleiben.

Da es in der Regel nicht möglich sein wird, einen Zugriff von US-Geheimdiensten auf Daten in den USA zu verhindern, dürfte eine Übermittlung in die USA kaum noch möglich sein. Ähnliches dürfte auch für viele andere Staaten gelten, bei denen die EU-Kommission kein angemessenes Schutzniveau festgestellt hat. Letztlich bleibt daher oft nur der Weg, Cloud-Anbieter auszuwählen, die die Daten nur in Staaten der EU und des EWR bzw. in Staaten mit von der EU-Kommission festgestelltem angemessenem Schutzniveau (s.o.) verarbeiten.

Sie finden die Standardvertragsklauseln (und vorab die entsprechenden Anwendungsregeln) auf den nächsten Seiten sowie als Word-Dokument in englischer, deutscher und französischer Sprache unter: https://ec.europa.eu/info/law/law-topic/data-protection/publications/standard-contractual-clauses-controllers-and-processors_de

BESCHLUSS DER KOMMISSION

vom 04.06.2021

über Standardvertragsklauseln zwischen Verantwortlichen und Auftragsverarbeitern gemäß Artikel 28 Absatz 7 der Verordnung (EU) 2016/679 des Europäischen Parlaments und des Rates und Artikel 29 Absatz 7 der Verordnung (EU) 2018/1725 des Europäischen Parlaments und des Rates

[…]

Artikel 1

Die im Anhang aufgeführten Standardvertragsklauseln erfüllen die Anforderungen an Verträge zwischen Verantwortlichen und Auftragsverarbeitern gemäß Artikel 28 Absätze 3 und 4 der Verordnung (EU) 2016/679 und Artikel 29 Absätze 3 und 4 der Verordnung (EU) 2018/1725.

Artikel 2

Die im Anhang aufgeführten Standardvertragsklauseln können in Verträgen zwischen einem Verantwortlichen und einem Auftragsverarbeiter, der personenbezogene Daten im Auftrag des Verantwortlichen verarbeitet, verwendet werden.

Artikel 3

Die Kommission prüft die praktische Anwendung der im Anhang aufgeführten Standardvertragsklauseln auf der Grundlage aller verfügbaren Informationen im Rahmen der gemäß Artikel 97 der Verordnung (EU) 2016/679 vorgesehenen regelmäßigen Bewertung.

Artikel 4

Dieser Beschluss tritt am zwanzigsten Tag nach seiner Veröffentlichung im *Amtsblatt der Europäischen Union* in Kraft.

ANHANG

Standardvertragsklauseln

ABSCHNITT I

Klausel 1: Zweck und Anwendungsbereich

a. Mit diesen Standardvertragsklauseln (im Folgenden „Klauseln") soll die Einhaltung von [zutreffende Option auswählen: OPTION 1: Artikel 28 Absätze 3 und 4 der Verordnung (EU) 2016/679 des Europäischen Parlaments und des Rates vom 27. April 2016 zum Schutz natürlicher Personen bei der Verarbeitung personenbezogener Daten, zum freien Datenverkehr und zur Aufhebung der Richtlinie 95/46/EG] oder [OPTION 2: Artikel 29 Absätze 3 und 4 der Verordnung (EU) 2018/1725 des Europäischen Parlaments und des Rates vom 23. Oktober 2018 zum Schutz natürlicher Personen bei der Verarbeitung personenbezogener Daten durch die Organe, Einrichtungen und sonstigen Stellen der Union, zum freien Datenverkehr und zur Aufhebung der Verordnung (EG) Nr. 45/2001 und des Beschlusses Nr. 1247/2002/EG] sichergestellt werden.

b. Die in Anhang I aufgeführten Verantwortlichen und Auftragsverarbeiter haben diesen Klauseln zugestimmt, um die Einhaltung von Artikel 28 Absätze 3 und 4 der Verordnung (EU) 2016/679 und/oder Artikel 29 Absätze 3 und 4 der Verordnung (EU) 2018/1725 zu gewährleisten.

c. Diese Klauseln gelten für die Verarbeitung personenbezogener Daten gemäß Anhang II.

d. Die Anhänge I bis IV sind Bestandteil der Klauseln.

e. Diese Klauseln gelten unbeschadet der Verpflichtungen, denen der Verantwortliche gemäß der Verordnung (EU) 2016/679 und/oder der Verordnung (EU) 2018/1725 unterliegt.

f. Diese Klauseln stellen für sich allein genommen nicht sicher, dass die Verpflichtungen im Zusammenhang mit internationalen Datenübermittlungen gemäß Kapitel V der Verordnung (EU) 2016/679 und/oder der Verordnung (EU) 2018/1725 erfüllt werden.

Klausel 2: Unabänderbarkeit der Klauseln

a. Die Parteien verpflichten sich, die Klauseln nicht zu ändern, es sei denn, zur Ergänzung oder Aktualisierung der in den Anhängen angegebenen Informationen.

b. Dies hindert die Parteien nicht daran, die in diesen Klauseln festgelegten Standardvertragsklauseln in einen umfangreicheren Vertrag aufzunehmen und weitere Klauseln oder zusätzliche Garantien hinzuzufügen, sofern diese weder unmittelbar noch mittelbar im Widerspruch zu den Klauseln stehen oder die Grundrechte oder Grundfreiheiten der betroffenen Personen beschneiden.

Klausel 3: Auslegung

a. Werden in diesen Klauseln die in der Verordnung (EU) 2016/679 bzw. der Verordnung (EU) 2018/1725 definierten Begriffe verwendet, so haben diese Begriffe dieselbe Bedeutung wie in der betreffenden Verordnung.

b. Diese Klauseln sind im Lichte der Bestimmungen der Verordnung (EU) 2016/679 bzw. der Verordnung (EU) 2018/1725 auszulegen.

c. Diese Klauseln dürfen nicht in einer Weise ausgelegt werden, die den in der Verordnung (EU) 2016/679 oder der Verordnung (EU) 2018/1725 vorgesehenen Rechten und Pflichten zuwiderläuft oder die Grundrechte oder Grundfreiheiten der betroffenen Personen beschneidet.

Klausel 4: Vorrang

Im Falle eines Widerspruchs zwischen diesen Klauseln und den Bestimmungen damit zusammenhängender Vereinbarungen, die zwischen den Parteien bestehen oder später eingegangen oder geschlossen werden, haben diese Klauseln Vorrang.

Klausel 5 - fakultativ: Kopplungsklausel

a. Eine Einrichtung, die nicht Partei dieser Klauseln ist, kann diesen Klauseln mit Zustimmung aller Parteien jederzeit als Verantwortlicher oder als Auftragsverarbeiter beitreten, indem sie die Anhänge ausfüllt und Anhang I unterzeichnet.

b. Nach Ausfüllen und Unterzeichnen der unter Buchstabe a genannten Anhänge wird die beitretende Einrichtung als Partei dieser Klauseln behandelt und hat die Rechte und Pflichten eines Verantwortlichen oder eines Auftragsverarbeiters entsprechend ihrer Bezeichnung in Anhang I.

c. Für die beitretende Einrichtung gelten für den Zeitraum vor ihrem Beitritt als Partei keine aus diesen Klauseln resultierenden Rechte oder Pflichten.

ABSCHNITT II – PFLICHTEN DER PARTEIEN

Klausel 6: Beschreibung der Verarbeitung

Die Einzelheiten der Verarbeitungsvorgänge, insbesondere die Kategorien personenbezogener Daten und die Zwecke, für die die personenbezogenen Daten im Auftrag des Verantwortlichen verarbeitet werden, sind in Anhang II aufgeführt.

Klausel 7: Pflichten der Parteien

7.1 Weisungen

a. Der Auftragsverarbeiter verarbeitet personenbezogene Daten nur auf dokumentierte Weisung des Verantwortlichen, es sei denn, er ist nach Unionsrecht oder nach dem Recht eines Mitgliedstaats, dem er unterliegt, zur Verarbeitung verpflichtet. In einem solchen Fall teilt der Auftragsverarbeiter dem Verantwortlichen diese rechtlichen Anforderungen vor der Verarbeitung mit, sofern das betreffende Recht dies nicht wegen eines wichtigen öffentlichen Interesses verbietet. Der Verantwortliche kann während der gesamten Dauer der Verarbeitung personenbezogener Daten weitere Weisungen erteilen. Diese Weisungen sind stets zu dokumentieren.

b. Der Auftragsverarbeiter informiert den Verantwortlichen unverzüglich, wenn er der Auffassung ist, dass vom Verantwortlichen erteilte Weisungen gegen die Verordnung (EU) 2016/679, die Verordnung (EU) 2018/1725 oder geltende Datenschutzbestimmungen der Union oder der Mitgliedstaaten verstoßen.

7.2 Zweckbindung

Der Auftragsverarbeiter verarbeitet die personenbezogenen Daten nur für den/die in Anhang II genannten spezifischen Zweck(e), sofern er keine weiteren Weisungen des Verantwortlichen erhält.

7.3 Dauer der Verarbeitung personenbezogener Daten

Die Daten werden vom Auftragsverarbeiter nur für die in Anhang II angegebene Dauer verarbeitet.

7.4 Sicherheit der Verarbeitung

a. Der Auftragsverarbeiter ergreift mindestens die in Anhang III aufgeführten technischen und organisatorischen Maßnahmen, um die Sicherheit der personenbezogenen Daten zu gewährleisten. Dies umfasst den Schutz der Daten vor einer Verletzung der Sicherheit, die, ob unbeabsichtigt oder unrechtmäßig, zur Vernichtung, zum Verlust, zur Veränderung oder zur unbefugten Offenlegung von beziehungsweise zum unbefugten Zugang zu den Daten führt (im Folgenden „Verletzung des Schutzes personenbezogener Daten"). Bei der Beurteilung des angemessenen Schutzniveaus tragen die Parteien dem Stand der Technik, den Implementierungskosten, der Art, dem Umfang, den Umständen und den Zwecken der Verarbeitung sowie den für die betroffenen Personen verbundenen Risiken gebührend Rechnung.

b. Der Auftragsverarbeiter gewährt seinem Personal nur insoweit Zugang zu den personenbezogenen Daten, die Gegenstand der Verarbeitung sind, als dies für die Durchführung, Verwaltung und Überwachung des Vertrags unbedingt erforderlich ist. Der Auftragsverarbeiter gewährleistet, dass sich die zur Verarbeitung der erhaltenen personenbezogenen Daten befugten Personen zur Vertraulichkeit verpflichtet haben oder einer angemessenen gesetzlichen Verschwiegenheitspflicht unterliegen.

7.5 Sensible Daten

Falls die Verarbeitung personenbezogene Daten betrifft, aus denen die rassische oder ethnische Herkunft, politische Meinungen, religiöse oder weltanschauliche Überzeugungen oder die Gewerkschaftszugehörigkeit hervorgehen, oder die genetische Daten oder biometrische Daten zum Zweck der eindeutigen Identifizierung einer natürlichen Person, Daten über die Gesundheit, das Sexualleben oder die sexuelle Ausrichtung einer Person oder Daten über strafrechtliche Verurteilungen und Straftaten enthalten (im Folgenden „sensible Daten"), wendet der Auftragsverarbeiter spezielle Beschränkungen und/oder zusätzlichen Garantien an.

7.6 Dokumentation und Einhaltung der Klauseln

a. Die Parteien müssen die Einhaltung dieser Klauseln nachweisen können.

b. Der Auftragsverarbeiter bearbeitet Anfragen des Verantwortlichen bezüglich der Verarbeitung von Daten gemäß diesen Klauseln umgehend und in angemessener Weise.

c. Der Auftragsverarbeiter stellt dem Verantwortlichen alle Informationen zur Verfügung, die für den Nachweis der Einhaltung der in diesen Klauseln festgelegten und unmittelbar aus der Verordnung (EU) 2016/679 und/oder der Verordnung (EU) 2018/1725 hervorgehenden Pflichten erforderlich sind. Auf Verlangen des Verantwortlichen gestattet der Auftragsverarbeiter ebenfalls die Prüfung der unter diese Klauseln fallenden Verarbeitungstätigkeiten in angemessenen Abständen oder bei Anzeichen für eine Nichteinhaltung und trägt zu einer solchen Prüfung bei. Bei der Entscheidung über eine Überprüfung oder Prüfung kann der Verantwortliche einschlägige Zertifizierungen des Auftragsverarbeiters berücksichtigen.

d. Der Verantwortliche kann die Prüfung selbst durchführen oder einen unabhängigen Prüfer beauftragen. Die Prüfungen können auch Inspektionen in den Räumlichkeiten oder physischen Einrichtungen des Auftragsverarbeiters umfassen und werden gegebenenfalls mit angemessener Vorankündigung durchgeführt.

e. Die Parteien stellen der/den zuständigen Aufsichtsbehörde(n) die in dieser Klausel genannten Informationen, einschließlich der Ergebnisse von Prüfungen, auf Anfrage zur Verfügung.

7.7 Einsatz von Unterauftragsverarbeitern

a. OPTION 1: VORHERIGE GESONDERTE GENEHMIGUNG: Der Auftragsverarbeiter darf keinen seiner Verarbeitungsvorgänge, die er im Auftrag des Verantwortlichen gemäß diesen Klauseln durchführt, ohne vorherige gesonderte schriftliche Genehmigung des Verantwortlichen an einen Unterauftragsverarbeiter untervergeben. Der Auftragsverarbeiter reicht den Antrag auf die gesonderte Genehmigung mindestens [ZEITRAUM ANGEBEN] vor der Beauftragung des betreffenden Unterauftrags-verarbeiters zusammen mit den Informationen ein, die der Verantwortliche benötigt, um über die Genehmigung zu entscheiden. Die Liste der vom Verantwortlichen genehmigten Unterauftragsverarbeiter findet sich in Anhang IV. Die Parteien halten Anhang IV jeweils auf dem neuesten Stand.

OPTION 2: ALLGEMEINE SCHRIFTLICHE GENEHMIGUNG: Der Auftragsverarbeiter besitzt die allgemeine Genehmigung des Verantwortlichen für die Beauftragung von Unterauftragsverarbeitern, die in einer vereinbarten Liste aufgeführt sind. Der Auftragsverarbeiter unterrichtet den Verantwortlichen mindestens [ZEITRAUM ANGEBEN] im Voraus ausdrücklich in schriftlicher Form über alle beabsichtigten Änderungen dieser Liste durch Hinzufügen oder Ersetzen von Unterauf-tragsverarbeitern und räumt dem Verantwortlichen damit ausreichend Zeit ein, um vor der Beauftragung des/der betreffenden Unterauftragsverarbeiter/s Einwände gegen diese Änderungen erheben zu können. Der Auftragsverarbeiter stellt dem Verantwortlichen die erforderlichen Informationen zur Verfügung, damit dieser sein Widerspruchsrecht ausüben kann.

b. Beauftragt der Auftragsverarbeiter einen Unterauftragsverarbeiter mit der Durchführung bestimmter Verarbeitungstätigkeiten (im Auftrag des Verantwortlichen), so muss diese Beauftragung im Wege eines Vertrags erfolgen, der dem Unterauftragsverarbeiter im Wesentlichen dieselben Datenschutzpflichten auferlegt wie diejenigen, die für den Auftragsverarbeiter gemäß diesen Klauseln gelten. Der Auftragsverarbeiter stellt sicher, dass der Unterauftragsverarbeiter die Pflichten erfüllt, denen der Auftragsverarbeiter entsprechend diesen Klauseln und gemäß der Verordnung (EU) 2016/679 und/oder der Verordnung (EU) 2018/1725 unterliegt.

c. Der Auftragsverarbeiter stellt dem Verantwortlichen auf dessen Verlangen eine Kopie einer solchen Untervergabevereinbarung und etwaiger späterer Änderungen zur Verfügung. Soweit es zum Schutz von Geschäftsgeheimnissen oder anderen vertraulichen Informationen, einschließlich personenbezogener Daten notwendig ist, kann der Auftragsverarbeiter den Wortlaut der Vereinbarung vor der Weitergabe einer Kopie unkenntlich machen.

d. Der Auftragsverarbeiter haftet gegenüber dem Verantwortlichen in vollem Umfang dafür, dass der Unterauftragsverarbeiter seinen Pflichten gemäß dem mit dem Auftragsverarbeiter geschlossenen Vertrag nachkommt. Der Auftragsverarbeiter benachrichtigt den Verantwortlichen, wenn der Unterauftragsverarbeiter seine vertraglichen Pflichten nicht erfüllt.

e. Der Auftragsverarbeiter vereinbart mit dem Unterauftragsverarbeiter eine Drittbe-
   günstigtenklausel, wonach der Verantwortliche – im Falle, dass der Auftragsverarbeiter
   faktisch oder rechtlich nicht mehr besteht oder zahlungsunfähig ist – das Recht hat, den
   Untervergabevertrag zu kündigen und den Unterauftragsverarbeiter anzuweisen, die
   personenbezogenen Daten zu löschen oder zurückzugeben.

7.8 Internationale Datenübermittlungen

a. Jede Übermittlung von Daten durch den Auftragsverarbeiter an ein Drittland oder eine
   internationale Organisation erfolgt ausschließlich auf der Grundlage dokumentierter
   Weisungen des Verantwortlichen oder zur Einhaltung einer speziellen Bestimmung
   nach dem Unionsrecht oder dem Recht eines Mitgliedstaats, dem der
   Auftragsverarbeiter unterliegt, und muss mit Kapitel V der Verordnung (EU) 2016/679
   oder der Verordnung (EU) 2018/1725 im Einklang stehen.

b. Der Verantwortliche erklärt sich damit einverstanden, dass in Fällen, in denen der
   Auftragsverarbeiter einen Unterauftragsverarbeiter gemäß Klausel 7.7 für die
   Durchführung bestimmter Verarbeitungstätigkeiten (im Auftrag des Verantwortlichen)
   in Anspruch nimmt und diese Verarbeitungstätigkeiten eine Übermittlung
   personenbezogener Daten im Sinne von Kapitel V der Verordnung (EU) 2016/679
   beinhalten, der Auftragsverarbeiter und der Unterauftragsverarbeiter die Einhaltung
   von Kapitel V der Verordnung (EU) 2016/679 sicherstellen können, indem sie
   Standardvertragsklauseln verwenden, die von der Kommission gemäß Artikel 46
   Absatz 2 der Verordnung (EU) 2016/679 erlassen wurden, sofern die Voraussetzungen
   für die Anwendung dieser Standardvertragsklauseln erfüllt sind.

Klausel 8: Unterstützung des Verantwortlichen

a. Der Auftragsverarbeiter unterrichtet den Verantwortlichen unverzüglich über jeden Antrag, den er von der betroffenen Person erhalten hat. Er beantwortet den Antrag nicht
   selbst, es sei denn, er wurde vom Verantwortlichen dazu ermächtigt.

b. Unter Berücksichtigung der Art der Verarbeitung unterstützt der Auftragsverarbeiter
   den Verantwortlichen bei der Erfüllung von dessen Pflicht, Anträge betroffener Personen auf Ausübung ihrer Rechte zu beantworten. Bei der Erfüllung seiner Pflichten gemäß den Buchstaben a und b befolgt der Auftragsverarbeiter die Weisungen des Verantwortlichen.

c. Abgesehen von der Pflicht des Auftragsverarbeiters, den Verantwortlichen gemäß Klausel 8 Buchstabe b zu unterstützen, unterstützt der Auftragsverarbeiter unter Berücksichtigung der Art der Datenverarbeitung und der ihm zur Verfügung stehenden Informationen den Verantwortlichen zudem bei der Einhaltung der folgenden Pflichten:

   1. Pflicht zur Durchführung einer Abschätzung der Folgen der vorgesehenen Verarbei-
      tungsvorgänge für den Schutz personenbezogener Daten (im Folgenden „Daten-
      schutz-Folgenabschätzung"), wenn eine Form der Verarbeitung voraussichtlich ein
      hohes Risiko für die Rechte und Freiheiten natürlicher Personen zur Folge hat;

2. Pflicht zur Konsultation der zuständigen Aufsichtsbehörde(n) vor der Verarbeitung, wenn aus einer Datenschutz-Folgenabschätzung hervorgeht, dass die Verarbeitung ein hohes Risiko zur Folge hätte, sofern der Verantwortliche keine Maßnahmen zur Eindämmung des Risikos trifft;

3. Pflicht zur Gewährleistung, dass die personenbezogenen Daten sachlich richtig und auf dem neuesten Stand sind, indem der Auftragsverarbeiter den Verantwortlichen unverzüglich unterrichtet, wenn er feststellt, dass die von ihm verarbeiteten personenbezogenen Daten unrichtig oder veraltet sind;

4. Verpflichtungen gemäß [OPTION 1: Artikel 32 der Verordnung (EU) 2016/679] oder [OPTION 2: Artikel 33 und Artikel 36 bis 38 der Verordnung (EU) 2018/1725].

Die Parteien legen in Anhang III die geeigneten technischen und organisatorischen Maßnahmen zur Unterstützung des Verantwortlichen durch den Auftragsverarbeiter bei der Anwendung dieser Klausel sowie den Anwendungsbereich und den Umfang der erforderlichen Unterstützung fest.

Klausel 9: Meldung von Verletzungen des Schutzes personenbezogener Daten

Im Falle einer Verletzung des Schutzes personenbezogener Daten arbeitet der Auftragsverarbeiter mit dem Verantwortlichen zusammen und unterstützt ihn entsprechend, damit der Verantwortliche seinen Verpflichtungen gemäß den Artikeln 33 und 34 der Verordnung (EU) 2016/679 oder gegebenenfalls den Artikeln 34 und 35 der Verordnung (EU) 2018/1725 nachkommen kann, wobei der Auftragsverarbeiter die Art der Verarbeitung und die ihm zur Verfügung stehenden Informationen berücksichtigt.

9.1 Verletzung des Schutzes der vom Verantwortlichen verarbeiteten Daten

Im Falle einer Verletzung des Schutzes personenbezogener Daten im Zusammenhang mit den vom Verantwortlichen verarbeiteten Daten unterstützt der Auftragsverarbeiter den Verantwortlichen wie folgt:

a. bei der unverzüglichen Meldung der Verletzung des Schutzes personenbezogener Daten an die zuständige(n) Aufsichtsbehörde(n), nachdem dem Verantwortlichen die Verletzung bekannt wurde, sofern relevant (es sei denn, die Verletzung des Schutzes personenbezogener Daten führt voraussichtlich nicht zu einem Risiko für die persönlichen Rechte und Freiheiten natürlicher Personen);

b. bei der Einholung der folgenden Informationen, die gemäß [OPTION 1: Artikel 33 Absatz 3 der Verordnung (EU) 2016/679] oder [OPTION 2: Artikel 34 Absatz 3 der Verordnung (EU) 2018/1725] in der Meldung des Verantwortlichen anzugeben sind, wobei diese Informationen mindestens Folgendes umfassen müssen:

1. die Art der personenbezogenen Daten, soweit möglich, mit Angabe der Kategorien und der ungefähren Zahl der betroffenen Personen sowie der Kategorien und der

ungefähren Zahl der betroffenen personenbezogenen Datensätze;

2. die wahrscheinlichen Folgen der Verletzung des Schutzes personenbezogener Daten;

3. die vom Verantwortlichen ergriffenen oder vorgeschlagenen Maßnahmen zur Behebung der Verletzung des Schutzes personenbezogener Daten und gegebenenfalls Maßnahmen zur Abmilderung ihrer möglichen nachteiligen Auswirkungen.

Wenn und soweit nicht alle diese Informationen zur gleichen Zeit bereitgestellt werden können, enthält die ursprüngliche Meldung die zu jenem Zeitpunkt verfügbaren Informationen, und weitere Informationen werden, sobald sie verfügbar sind, anschließend ohne unangemessene Verzögerung bereitgestellt;

c. bei der Einhaltung der Pflicht gemäß [OPTION 1: Artikel 34 der Verordnung (EU) 2016/679] oder [OPTION 2: Artikel 35 der Verordnung (EU) 2018/1725], die betroffene Person unverzüglich von der Verletzung des Schutzes personenbezogener Daten zu benachrichtigen, wenn diese Verletzung voraussichtlich ein hohes Risiko für die Rechte und Freiheiten natürlicher Personen zur Folge hat.

9.2 Verletzung des Schutzes der vom Auftragsverarbeiter verarbeiteten Daten

Im Falle einer Verletzung des Schutzes personenbezogener Daten im Zusammenhang mit den vom Auftragsverarbeiter verarbeiteten Daten meldet der Auftragsverarbeiter diese dem Verantwortlichen unverzüglich, nachdem ihm die Verletzung bekannt wurde. Diese Meldung muss zumindest folgende Informationen enthalten:

a. eine Beschreibung der Art der Verletzung (möglichst unter Angabe der Kategorien und der ungefähren Zahl der betroffenen Personen und der ungefähren Zahl der betroffenen Datensätze);

b. Kontaktdaten einer Anlaufstelle, bei der weitere Informationen über die Verletzung des Schutzes personenbezogener Daten eingeholt werden können;

c. die voraussichtlichen Folgen und die ergriffenen oder vorgeschlagenen Maßnahmen zur Behebung der Verletzung des Schutzes personenbezogener Daten, einschließlich Maßnahmen zur Abmilderung ihrer möglichen nachteiligen Auswirkungen.

Wenn und soweit nicht alle diese Informationen zur gleichen Zeit bereitgestellt werden können, enthält die ursprüngliche Meldung die zu jenem Zeitpunkt verfügbaren Informationen, und weitere Informationen werden, sobald sie verfügbar sind, anschließend ohne unangemessene Verzögerung bereitgestellt.

Die Parteien legen in Anhang III alle sonstigen Angaben fest, die der Auftragsverarbeiter zur Verfügung zu stellen hat, um den Verantwortlichen bei der Erfüllung von dessen Pflichten gemäß [OPTION 1: Artikel 33 und 34 der Verordnung (EU) 2016/679] oder [OPTION 2: Artikel 34 und 35 der Verordnung (EU) 2018/1725] zu unterstützen.

ABSCHNITT III - SCHLUSSBESTIMMUNGEN

Klausel 10: Verstöße gegen die Klauseln und Beendigung des Vertrags

a. Falls der Auftragsverarbeiter seinen Pflichten gemäß diesen Klauseln nicht nachkommt, kann der Verantwortliche – unbeschadet der Bestimmungen der Verordnung (EU) 2016/679 und/oder der Verordnung (EU) 2018/1725 – den Auftragsverarbeiter anweisen, die Verarbeitung personenbezogener Daten auszusetzen, bis er diese Klauseln einhält oder der Vertrag beendet ist. Der Auftragsverarbeiter unterrichtet den Verantwortlichen unverzüglich, wenn er aus welchen Gründen auch immer nicht in der Lage ist, diese Klauseln einzuhalten.

b. Der Verantwortliche ist berechtigt, den Vertrag zu kündigen, soweit er die Verarbeitung personenbezogener Daten gemäß diesen Klauseln betrifft, wenn

   1. der Verantwortliche die Verarbeitung personenbezogener Daten durch den Auftragsverarbeiter gemäß Buchstabe a ausgesetzt hat und die Einhaltung dieser Klauseln nicht innerhalb einer angemessenen Frist, in jedem Fall aber innerhalb eines Monats nach der Aussetzung, wiederhergestellt wurde;

   2. der Auftragsverarbeiter in erheblichem Umfang oder fortdauernd gegen diese Klauseln verstößt oder seine Verpflichtungen gemäß der Verordnung (EU) 2016/679 und/oder der Verordnung (EU) 2018/1725 nicht erfüllt;

   3. der Auftragsverarbeiter einer bindenden Entscheidung eines zuständigen Gerichts oder der zuständigen Aufsichtsbehörde(n), die seine Pflichten gemäß diesen Klauseln, der Verordnung (EU) 2016/679 und/oder der Verordnung (EU) 2018/1725 zum Gegenstand hat, nicht nachkommt.

c. Der Auftragsverarbeiter ist berechtigt, den Vertrag zu kündigen, soweit er die Verarbeitung personenbezogener Daten gemäß diesen Klauseln betrifft, wenn der Verantwortliche auf der Erfüllung seiner Anweisungen besteht, nachdem er vom Auftragsverarbeiter darüber in Kenntnis gesetzt wurde, dass seine Anweisungen gegen geltende rechtliche Anforderungen gemäß Klausel 7.1 Buchstabe b verstoßen.

d. Nach Beendigung des Vertrags löscht der Auftragsverarbeiter nach Wahl des Verantwortlichen alle im Auftrag des Verantwortlichen verarbeiteten personenbezogenen Daten und bescheinigt dem Verantwortlichen, dass dies erfolgt ist, oder er gibt alle personenbezogenen Daten an den Verantwortlichen zurück und löscht bestehende Kopien, sofern nicht nach dem Unionsrecht oder dem Recht der Mitgliedstaaten eine Verpflichtung zur Speicherung der personenbezogenen Daten besteht. Bis zur Löschung oder Rückgabe der Daten gewährleistet der Auftragsverarbeiter weiterhin die Einhaltung dieser Klauseln.

ANHANG I - LISTE DER PARTEIEN

Verantwortliche(r): [*Name und Kontaktdaten des/der Verantwortlichen und gegebenenfalls des Datenschutzbeauftragten des Verantwortlichen*]

1. Name: …

Anschrift: …

Name, Funktion und Kontaktdaten der Kontaktperson: …

Unterschrift und Beitrittsdatum: …

2.

…

Auftragsverarbeiter: [*Name und Kontaktdaten des/der Auftragsverarbeiter/s und gegebenenfalls des Datenschutzbeauftragten des Auftragsverarbeiters*]

1. Name: …

Anschrift: …

Name, Funktion und Kontaktdaten der Kontaktperson: …

Unterschrift und Beitrittsdatum: …

2.

…

ANHANG II - BESCHREIBUNG DER VERARBEITUNG

Kategorien betroffener Personen, deren personenbezogene Daten verarbeitet werden

………………………..

Kategorien personenbezogener Daten, die verarbeitet werden

………………………..

Verarbeitete sensible Daten (falls zutreffend) und angewandte Beschränkungen oder Garantien, die der Art der Daten und den verbundenen Risiken in vollem Umfang Rechnung tragen, z. B. strenge Zweckbindung, Zugangsbeschränkungen (einschließlich des Zugangs nur für Mitarbeiter, die eine spezielle Schulung absolviert haben), Aufzeichnungen über den Zugang zu den Daten, Beschränkungen für Weiterübermittlungen oder zusätzliche Sicherheitsmaßnahmen

………………………..

Art der Verarbeitung

………………………..

Zweck(e), für den/die die personenbezogenen Daten im Auftrag des Verantwortlichen verarbeitet werden

………………………..

Dauer der Verarbeitung

………………………..

…………………………

Bei der Verarbeitung durch (Unter-)Auftragsverarbeiter sind auch Gegenstand, Art und Dauer der Verarbeitung anzugeben.

ANHANG III – TECHNISCHE UND ORGANISATORISCHE MASSNAHMEN, EIN-SCHLIESSLICH ZUR GEWÄHRLEISTUNG DER SICHERHEIT DER DATEN

ERLÄUTERUNG:

Die technischen und organisatorischen Maßnahmen müssen konkret beschrieben werden; eine allgemeine Beschreibung ist nicht ausreichend.

Beschreibung der von dem/den Verantwortlichen ergriffenen technischen und organisatorischen Sicherheitsmaßnahmen (einschließlich aller relevanten Zertifizierungen) zur Gewährleistung eines angemessenen Schutzniveaus unter Berücksichtigung der Art, des Umfangs, der Umstände und des Zwecks der Verarbeitung sowie der Risiken für die Rechte und Freiheiten natürlicher Personen Beispiele für mögliche Maßnahmen:

- *Maßnahmen der Pseudonymisierung und Verschlüsselung personenbezogener Daten*

- *Maßnahmen zur fortdauernden Sicherstellung der Vertraulichkeit, Integrität, Verfügbarkeit und Belastbarkeit der Systeme und Dienste im Zusammenhang mit der Verarbeitung*

- *Maßnahmen zur Sicherstellung der Fähigkeit, die Verfügbarkeit der personenbezogenen Daten und den Zugang zu ihnen bei einem physischen oder technischen Zwischenfall rasch wiederherzustellen*

- *Verfahren zur regelmäßigen Überprüfung, Bewertung und Evaluierung der Wirksamkeit der technischen und organisatorischen Maßnahmen zur Gewährleistung der Sicherheit der Verarbeitung*

- *Maßnahmen zur Identifizierung und Autorisierung der Nutzer*

- *Maßnahmen zum Schutz der Daten während der Übermittlung*

- *Maßnahmen zum Schutz der Daten während der Speicherung*

- *Maßnahmen zur Gewährleistung der physischen Sicherheit von Orten, an denen personenbezogene Daten verarbeitet werden*

- *Maßnahmen zur Gewährleistung der Protokollierung von Ereignissen*

- *Maßnahmen zur Gewährleistung der Systemkonfiguration, einschließlich der Standardkonfiguration*

- *Maßnahmen für die interne Governance und Verwaltung der IT und der IT-Sicherheit*

- *Maßnahmen zur Zertifizierung/Qualitätssicherung von Prozessen und Produkten*

- *Maßnahmen zur Gewährleistung der Datenminimierung*

- *Maßnahmen zur Gewährleistung der Datenqualität*

- *Maßnahmen zur Gewährleistung einer begrenzten Vorratsdatenspeicherung*

- *Maßnahmen zur Gewährleistung der Rechenschaftspflicht*

▪ *Maßnahmen zur Ermöglichung der Datenübertragbarkeit und zur Gewährleistung der Löschung*

Bei Datenübermittlungen an (Unter-)Auftragsverarbeiter sind auch die spezifischen technischen und organisatorischen Maßnahmen zu beschreiben, die der (Unter-)Auftragsverarbeiter zur Unterstützung des Verantwortlichen ergreifen muss.

Beschreibung der spezifischen technischen und organisatorischen Maßnahmen, die der Auftragsverarbeiter zur Unterstützung des Verantwortlichen ergreifen muss.

ANHANG IV - LISTE DER UNTERAUFTRAGSVERARBEITER

ERLÄUTERUNG:

Dieser Anhang muss im Falle einer gesonderten Genehmigung von Unterauftragsverarbeitern ausgefüllt werden (Klausel 7.7 Buchstabe a, Option 1).

Der Verantwortliche hat die Inanspruchnahme folgender Unterauftragsverarbeiter genehmigt:

1. Name: …

Anschrift: …

Name, Funktion und Kontaktdaten der Kontaktperson: …

Beschreibung der Verarbeitung (einschließlich einer klaren Abgrenzung der Verantwortlichkeiten, falls mehrere Unterauftragsverarbeiter genehmigt werden): …

2. …

6 Blockchain und Smart Contracts

6.1 Einführung

Unter einer Blockchain versteht man eine technische Maßnahme, die es durch eine Verkettung von Datensätzen erlaubt, Informationen manipulationssicher zu speichern. Dabei wird an den ersten Block ein weiterer Block angehängt, der u.a. Werte enthält, die mittels kryptografischer Verfahren aus den im ersten Block enthaltenen Daten erstellt werden, an den zweiten Block dann der dritte, der aus dem zweiten Block erstellte Werte enthält usw. Würde ein Block danach geändert, würde das sofort auffallen, weil sich dann auch alle weiteren Blöcke ändern würden.

6.2 Einkauf von Blockchain-Lösungen

Möchte der Anwender eine Blockchain-Lösung erwerben, ergeben sich rechtlich keine Besonderheiten im Vergleich zum Einkauf sonstiger IT-Lösungen. Aufgrund der sich erst herausbildenden Begriffe in diesem Bereich soll die Leistungsbeschreibung nicht nur wie immer möglichst ausführlich sein, sondern es soll auch darauf geachtet werden, dass die verwendeten Begriffe noch ausführlicher definiert werden, als man das ohnehin tun soll.

6.3 Smart Contracts

In IT-Verträgen kann eine Blockchain genutzt werden, um z.B. automatisiert bei Zahlung des Anwenders die Software freizuschalten. Es ist dann nicht mehr notwendig, dass der Eingang der Überweisung des Anwenders geprüft wird und dem Anwender erst dann ein Lizenzschlüssel übersandt wird, den der Anwender dann in die Software eingeben müsste. Die Blockchain-Technologie kann damit Arbeits- und Prüfschritte ersetzen.

Allerdings sind dies meist Schritte, über die es in der Praxis jedenfalls im B2B-Bereich wenig Streit gibt. Der Lieferant wird in der Regel nicht bestreiten, dass der Anwender eine bestimmte Summe gezahlt hat. Die häufig streitige Frage, ob der Anwender überhaupt bezahlen muss, also ob die Software den vertraglich vereinbarten Anforderungen entspricht (s. dazu oben S. 19 ff.), wird man dagegen auch mit einer Blockchain nicht automatisiert beantworten können, da dazu die vertraglich vereinbarten Anforderungen ausgelegt werden müssen.

Am ehesten wird man in der Praxis die Blockchain nutzen können, wenn es um Kündigungen geht, denn hier ist manchmal umstritten, ob und wann diese zugegangen sind. Das kann man aber auch ohne Blockchain-Technologie nachweisen, etwa durch Einwurfeinschreiben.

© Springer-Verlag GmbH Deutschland, ein Teil von Springer Nature 2022
M. Erben, W. G. H. Günther, *Beschaffung von IT-Leistungen*,
https://doi.org/10.1007/978-3-662-65077-6_6

Vorsicht ist geboten, wenn durch Blockchain-Technologie die Nutzung der Software ge-
stoppt werden soll, etwa wenn die Software nicht mehr laufen soll, sobald der Anwender
eine fällige Zahlung nicht leistet. Eine derartige Regelung kann nicht nur unwirksam sein,
sondern auch strafbar, da sie in das IT-System des Anwenders eingreift. Auch wenn der
Lieferant im Recht sein sollte, muss er seine Rechte über den dafür vorgesehenen Rechtsweg
durchsetzen und nicht durch derartige technische Maßnahmen, die im Übrigen auch unabhängig von der Blockchain-Technologie technisch möglich, aber eben nicht zulässig sind.
Man kann sich das an einem Vergleich klar machen: Der Verkäufer eines Autos darf auch
nicht dem Käufer den Autoschlüssel wegnehmen, wenn der Käufer nicht zahlt, sondern
muss den Käufer ggf. verklagen. Grundsätzlich gilt das Gewaltmonopol des Staates, Streitigkeiten sollen über die Gerichte ausgetragen werden.

Eine Klausel, die besagt, dass das Nutzungsrecht des Anwenders ruht, wenn er in Zahlungs-
verzug ist, ist dagegen möglich, denn hier geht es nicht um technische Maßnahmen, sondern
um eine rechtliche Vereinbarung. Dann ist es durchaus möglich, gegen eine dennoch erfol-
gende Nutzung durch den Anwender vorzugehen, aber eben nicht durch eigene technische
Maßnahmen des Lieferanten, sondern dadurch, dass dem Anwender die Nutzung von einem Gericht unter Strafandrohung untersagt wird, evtl. kommt dann auch eine Durchsetzung durch einen Gerichtsvollzieher in Betracht.

7   IT-Beschaffungsverträge mit internationalen Bezügen

Zu internationalen Bezügen beim Cloud Computing siehe Kapitel 5.2.[56]

7.1   Einführung

Bei der Frage, welches Recht auf internationale IT-Beschaffungen anzuwenden ist und ob das durch Rechtswahl geändert werden kann und sollte, ist zu unterscheiden zwischen dem Vertragsrecht und dem Urheberrecht (weitgehend ausgenommen das Urhebervertragsrecht, das aber zum größten Teil zum Vertragsrecht gehört).

Das Vertragsrecht regelt, grob gesagt, nach welchen Kriterien die Bestimmungen im Vertrag auszulegen sind, wie vorzugehen ist, wenn die Bestimmungen im Vertrag unvollständig oder widersprüchlich sind, und was gilt, wenn einer der Vertragspartner sich nicht an die Bestimmungen im Vertrag hält.

Das Urheberrecht regelt, ob und wann Software überhaupt geschützt ist (z. B. gegen Kopien, gegen Vertrieb) und welche Ausnahmen von diesem Schutz bestehen (z. B. das Recht, eine Sicherheitskopie zu machen; Zugang zu Schnittstellen; das Recht, ein einmal in den Verkehr gebrachtes Exemplar weiter zu vertreiben).

Der Unterschied wird leichter verständlich, wenn man sich klarmacht, dass es sich um zwei ganz verschiedene Aspekte handelt:

Das Vertragsrecht ist ein sogenanntes relatives Recht. Relativ, weil es nur im Verhältnis (Relation) zum jeweiligen Vertragspartner gilt: Wenn der Anwender mit einem Kunden vertraglich vereinbart, bestimmte Informationen geheim zu halten, und der Kunde sich nicht daran hält, kann der Anwender nur den Lieferanten verklagen, nicht aber Dritte, die die Information vom Lieferanten erhalten haben und weitergeben wollen.

Das Urheberrecht ist dagegen ein sogenanntes absolutes Recht. Absolut, weil es gegenüber jedermann gilt: Wenn der Lieferant eine Software erstellt hat, kann er jedem – in den Grenzen des Urheberrechts – verbieten, Kopien von der Software herzustellen, unabhängig davon, ob der Lieferant einen Vertrag mit ihm hat. Absolute Rechte sind z. B. auch das Eigentum (an körperlichen Sachen), Marken (Rechte an Wörtern und/oder Zeichen für bestimmte

---

[56] S. 75 ff.

© Springer-Verlag GmbH Deutschland, ein Teil von Springer Nature 2022
M. Erben, W. G. H. Günther, *Beschaffung von IT-Leistungen*,
https://doi.org/10.1007/978-3-662-65077-6_7

Waren und/oder Dienstleistungen) oder Patente (Rechte an technischen Erfindungen, d.h., bei denen auf Naturkräfte eingewirkt wird).

7.2   Internationales Urheberrecht

Für das Urheberrecht gilt das sogenannte Territorialitätsprinzip. Das bedeutet, dass für den Schutz der Software des Lieferanten immer das Recht des Landes gilt, in dem sich die Software „befindet" bzw. in dem die Rechte an der Software verletzt werden. Für die Frage, ob die Software überhaupt gegen Kopien geschützt ist oder ob z. B. ohne Erlaubnis des Lieferanten eine Sicherheitskopie von der Software angefertigt werden darf, gilt also in Russland immer russisches Recht, in Italien italienisches Recht usw. Das kann weder der Lieferant noch der Anwender durch Rechtswahl ändern. Aufgrund des sog. TRIPS-Abkommens[57] gilt aber in den meisten Ländern, die Mitglied der WTO[58] (Welthandelsorganisation) sind, Ähnliches wie in Deutschland.

7.3   Internationales Vertragsrecht

7.3.1   UN-Kaufrecht

Für das Vertragsrecht gibt es das sog. Wiener Kaufrecht, auch UN-Kaufrecht oder CISG[59] genannt. Sie kennen es evtl. aus der letzten Klausel in schriftlichen Verträgen, in denen es meistens ausgeschlossen wird.[60]

Das UN-Kaufrecht gilt immer dann, wenn

- die Vertragspartner ihren Sitz oder ihre Niederlassung in einem der 94 Staaten haben, die den Vertrag über das UN-Kaufrecht ratifiziert haben und

- wenn es nicht ausdrücklich ausgeschlossen wird. Der Satz: „Anwendbar ist das Recht des Staates XY" reicht dazu nicht aus, weil das UN-Kaufrecht Teil des Rechts der Vertragsstaaten ist. Das bedeutet, dass das UN-Kaufrecht genauso „deutsches" Recht ist wie z. B. das BGB und das HGB und nicht „nur" „internationales" Recht. Es kommt aber eben nur in bestimmten Situationen (nämlich den in dieser Aufzählung beschriebenen) zur Anwendung, genauso wie das HGB z. T. gleiche Sachverhalte regelt wie das BGB, aber nur in bestimmten Situationen zur Anwendung kommt (nämlich i.d.R., wenn beide

[57] Agreement on Trade-Related Aspects of Intellectual Property Rights.

[58] World Trade Organization.

[59] United Nations Convention on Contracts for the International Sale of Goods.

[60] Dazu unten 6.2.2 (S. 97).

Vertragspartner Kaufleute sind).

▣ die Vertragspartner ihren Sitz oder ihre Niederlassung in jeweils verschiedenen Staaten haben und

▣ wenn Waren („goods") verkauft werden. „Waren" im Sinne des UN-Kaufrechts sind eindeutig Hardware und eindeutig nicht Wartung und Pflege. Softwareüberlassung auf Zeit (Miete) gehört wohl auch nicht dazu; umstritten ist, wie es sich mit Standardsoftware und Individualsoftware verhält.

Das UN-Kaufrecht ist nicht generell schlecht, für den Lieferanten kann es im Hinblick auf Haftungsregelungen z. T. sogar positiv sein; aus Sicht des Anwenders ist also ohnehin vorzugswürdig, das UN-Kaufrecht auszuschließen. Nachteilig ist zudem, dass umfangreiche praktische Erfahrung mit dem UN-Kaufrecht fehlt, und vor allem, dass weitgehend unklar ist, ob es auf Software überhaupt anwendbar ist, so dass bei Anwendung des UN-Kaufrechts erhebliche Rechtsunsicherheit besteht. Daher wird es bei IT-Beschaffungen wohl dabei bleiben, dass das UN-Kaufrecht in Verträgen ausgeschlossen wird (was natürlich dazu führt, dass weiterhin umfangreiche praktische Erfahrung fehlen wird; es besteht also hier eine Art „Deadlock" in der Rechtsanwendung).

7.3.2   Anwendbares Recht und Rechtswahl

Wenn in dem IT-Beschaffungsvertrag nicht geregelt ist, welches Recht anwendbar ist, und das UN-Kaufrecht ausgeschlossen oder nicht anwendbar ist, wendet der Richter nicht etwa einfach das Vertragsrecht seines Landes an. Stattdessen gibt es in jedem Recht eines Staates das sogenannte Kollisionsrecht, auch Internationales Privatrecht (IPR) genannt.

Anders als man vermuten könnte, ist das IPR nicht international in dem Sinne, dass es in allen Staaten gleich gelten würde. Vielmehr hat jedes Land sein eigenes IPR. In diesem IPR ist jeweils geregelt, welches Recht gilt, wenn ein Vertrag Bezug zu mehreren Staaten aufweist. So kann es durchaus sein, dass ein deutsches Gericht aufgrund des deutschen IPR zum Schluss kommt, dass auf den Vertrag ausländisches Recht anwendbar ist.

Weil Gerichtsstand und anwendbares Recht zwei verschiedene Fragen sind, muss das deutsche Gericht dann ggf. nach ausländischem Recht entscheiden. Dazu holt es dann evtl. ein Gutachten ein, z. B. des Max-Planck-Instituts für ausländisches und internationales Privatrecht. Es kann also sehr umständlich werden, wenn anwendbares Recht und Gerichtsstand auseinanderfallen. Daher ist es sinnvoll, das anwendbare Recht zu regeln, und zwar gleichlaufend mit dem Gerichtsstand.

Der Anwender sollte also bei internationalen IT-Beschaffungen festlegen, welches Recht gelten soll. Dann muss der Anwender sich in der Regel über das IPR keine Gedanken mehr machen. Der Anwender wird dabei versuchen, sein Heimatrecht (also i.d.R. deutsches Recht) durchzusetzen, weil der Anwender und sein Anwalt sich damit auskennen. In der Praxis ist das aber oft nicht möglich, weil der Lieferant die bessere Position hat (z. B. weil nur er das von Ihnen gewünschte Produkt liefern kann). Dann kann der Anwender als Kompromiss vereinbaren, dass das Recht (und der Gerichtsstand) desjenigen Vertragspartners gilt, der verklagt wird. Oder der Anwender vereinbart ein Recht, das weder das Heimatrecht des Anwenders noch das Heimatrecht des Lieferanten ist, das aber dem deutschen Recht ähnlich ist, z. B. das schweizerische Recht.

Es wird davor gewarnt, die Regelung des anwendbaren Rechts einem Schiedsgericht zu überlassen. Denn wenn das Schiedsgericht zu einem anderen Ergebnis kommt, als bei der Vertragsgestaltung vermutet wurde, ist der Vertrag ggf. nicht mehr sinnvoll anwendbar. Das gleiche Problem stellt sich im Übrigen auch bei der Unsitte, US-amerikanische Verträge als Vorlage zu nehmen und diese (nur) so zu ändern, dass auf sie deutsches Recht anwendbar ist.

7.3.3   Internationaler Gerichtsstand

Gerichtsstand ist der Ort, an dem das Gericht seinen Sitz hat, das über den Fall entscheidet. Wie schon oben[61] gesehen, ist der Gerichtsstand in internationalen IT-Beschaffungsverträgen sehr wichtig, denn er entscheidet darüber, welches Internationale Privatrecht (IPR[62]) auf den Vertrag anwendbar ist. Das IPR entscheidet dann darüber, welches nationale „eigentliche" Recht (Juristen nennen das dann „materielles Sachrecht") auf den Vertrag anwendbar ist.

Damit der Richter, der über den Fall entscheidet, auch das Recht anwendet, das in seinem Land gilt (und in dem er ausgebildet ist), sollten aber internationaler Gerichtsstand und anwendbares Recht gleich geregelt sein, d. h., es ist wichtig, bei internationalen IT-Beschaffungen sowohl

■ den internationalen Gerichtsstand

als auch

■ das anwendbare Recht

zu regeln, und zwar wie gesagt gleichlaufend.

Gerichtsstandvereinbarungen für Streitigkeiten über internationale IT-Beschaffungen, also bei Streitigkeiten zwischen Kaufleuten bzw. Unternehmen, sind meist wirksam (anders ist das in Verträgen mit Verbrauchern).

Wichtig ist aber für die Wirksamkeit von Gerichtsstandvereinbarungen bei internationalen IT-Beschaffungen, dass der andere Teil die Gerichtsstandregelung kannte, als er dem Vertrag zugestimmt hat. Das ist z. B. nicht der Fall, wenn der Anwender den Lieferanten bei

---

[61] Siehe o. Kapitel 6.2.1 (S. 96).

[62] Siehe o. Kapitel 6.2.1 (S. 96).

seiner Bestellung nur auf seine AGB (Allgemeine Geschäftsbedingungen; Einkaufsbedingungen) hinweist, diese aber nicht dem Schreiben beiliegen (bzw. der E-Mail beigefügt sind) oder zumindest unter einer im Hinweis angegebenen Fundstelle im Internet abrufbar sind, sondern erst bei dem Anwender angefordert werden müssten und der Lieferant dann die Bestellung gleich so unterschreibt. Denn dann kannte er die Gerichtsstandregelung nicht.

Vorteilhaft ist es natürlich, bei entsprechender Verhandlungsposition den Gerichtsstand am Sitz des Anwenders durchzusetzen. Wenn das nicht möglich ist, kann die Regelung als Kompromiss entweder so aussehen wie die gesetzliche Regelung in Deutschland, dass also der Gerichtsstand des Beklagten gilt, oder man wählt einen Gerichtsstand an einem neutralen Ort (bei Verträgen zwischen deutschen und französischen Unternehmen etwa einen Ort in der Schweiz). Dabei ist, wie gesagt, immer darauf zu achten, dass möglichst das anwendbare Recht und der Ort des Gerichtsstands parallel laufen.

7.3.4   Sprache

Die Sprache kann in internationalen Verträgen (und auch rein deutschen Verträgen) zwar frei vereinbart werden. So bietet sich oft das Englische an. Im Streitfall wird aber ein Gericht in einem Land, in dem das Englische nicht Amtssprache ist, ggf. eine Übersetzung von einem amtlich bestellten Übersetzer verlangen. Auch sind Rechtsbegriffe oft nicht genau übersetzbar, da es bestimmte Rechtsinstitute in den englischsprachigen Staaten so gar nicht gibt. Sinnvoll ist daher, den Vertrag möglichst in der Sprache abzufassen, die am Gerichtsstand Amtssprache ist. Dennoch wird es für einen deutschen Anwender oft günstiger sein, einen deutschen Gerichtsstand und einen englischsprachigen Vertrag abzuschließen als einen englischsprachigen Vertrag mit US-Gerichtsstand. Dann sollten aber englischsprachige Rechtsbegriffe möglichst genau definiert werden, evtl. sogar mit der deutschen Übersetzung.

Als Kompromiss bietet sich oft auch an, den Vertrag zweisprachig abzufassen, dann muss aber unbedingt geregelt werden, welche Sprache im Zweifel vorgehen soll.

8 IT-Beschaffung durch die öffentliche Hand

8.1 Vergaberecht

Wenn die öffentliche Hand IT beschafft, ist sie an das Vergaberecht gebunden. Dieses sieht vor, dass die Beschaffung in einem sehr formalisierten Verfahren erfolgen muss, damit der Lieferant – letztlich zum Schutz der Steuerzahler – nach objektiven Kriterien ausgewählt wird.

8.1.1 Bedeutung der Schwellenwerte

Praktisch wichtig ist die Unterscheidung, ob eine Ausschreibung oberhalb oder unterhalb des sog. Schwellenwerts liegt. Dieser liegt für IT-Beschaffungen bis 31.12.23 in der Regel bei EUR 215.000, danach ist eine Prüfung und ggf. Anpassung geplant. Ein Sonderfall liegt vor, wenn der Auftrag aus dem Bereich Bau- und gleichzeitig aus dem Bereich IT-Dienstleistung stammt (z.B. Konfiguration und Durchführung der Verkabelung von IT-Geräten). Die Einordnung erfolgt dann nach dem Schwerpunkt der Leistung. Liegt der Schwerpunkt bei Bauleistungen, liegt der Schwellenwert hier bis 31.12.23 bei EUR 5.382.000.

Für Vergaben oberhalb der Schwellenwerte ist die Beschaffung europaweit auszuschreiben; unterlegene Bieter können in einem sog. Nachprüfungsverfahren vor den Vergabekammern (spezielle Gerichte für das Vergaberecht) mit guten Chancen Fehler geltend machen, was dann ggf. dazu führen kann, dass die Vergabekammer die Behörde zur Neuausschreibung verpflichtet. Unterhalb der Schwellenwerte sind je nach Auftragswert zwar auch formalisierte Verfahren einzuhalten; unterlegene Bieter haben aber in den meisten Fällen so gut wie keine praktisch effektive Möglichkeit, gegen Fehler bei der Vergabe vorzugehen (etwas eher geht das in den „neuen" Bundesländern); die Einhaltung der Verfahren wird aber natürlich durch die höherrangige Behörde kontrolliert.

Die Einhaltung sämtlicher Vorschriften des Vergaberechts ist schwierig und ist in der Regel ohne rechtliche Beratung nicht möglich. Das Vergaberecht ist ein eigenes, sehr komplexes Rechtsgebiet, das daher in diesem Buch nicht im Einzelnen dargestellt werden kann; es können nur die wesentlichen Grundsätze vorgestellt werden.

8.1.2 Grundsätze des Vergabeverfahrens

Die Grundsätze des Vergabeverfahrens sind geregelt in § 97 GWB (Gesetz gegen Wettbewerbsbeschränkungen) und verschiedenen Vorschriften der VgV (Vergabeverordnung).

© Springer-Verlag GmbH Deutschland, ein Teil von Springer Nature 2022
M. Erben, W. G. H. Günther, *Beschaffung von IT-Leistungen*,
https://doi.org/10.1007/978-3-662-65077-6_8

Diese sind

■ Wettbewerb;

■ Durchsetzung der europäischen Grundfreiheiten (Waren-, Dienstleistungs-, Niederlassungsfreiheit);

■ effektive und sparsame Verwendung öffentlicher Mittel;

■ Transparenz, d.h. z.B., dass alle Bieter den gleichen Informations- und Kenntnisstand haben müssen;

■ umfassende Dokumentation aller wesentlichen Entscheidungen;

■ Gleichbehandlung; diese gilt in allen Phasen des Vergabeverfahrens (z. B. müssen Antworten auf berechtigte Fragen allen Bietern zur Verfügung gestellt werden).

■ Die Vergabe muss willkürfrei und aufgrund sachlicher Gründe erfolgen.

8.1.3   Auswahl des Lieferanten

Nach Durchführung der Ausschreibung (wobei das jeweilige Vergabeverfahren eingehalten werden muss, s.u.) muss der Lieferant anhand vorher (!) festgelegter und in der Ausschreibung veröffentlichter Kriterien ausgewählt werden. Die Zuschlagskriterien und deren Gewichtung müssen also in der Ausschreibung bekannt gemacht werden.

Ein zwingendes Kriterium ist immer der Preis. Der Anwender kann ggf. weitere Leistungskriterien, wie z. B. Verfügbarkeitszeiten, Benutzerfreundlichkeit etc. festlegen, die Auswahl muss aber durch den Auftragsinhalt gerechtfertigt sein. Seit dem 18.04.16 können auch qualitative, umweltbezogene und soziale Aspekte berücksichtigt werden.

Die Berechnung der Zuschlagskriterien erfolgt durch eine sog. Bewertungsmatrix. Für jedes Kriterium werden dabei je nach Zielerreichung im Angebot Punkte vergeben; anhand der Gewichtung wird dann das Gesamtergebnis berechnet. Die Gewichtung steht im Ermessen des Anwenders, der Preis muss allerdings immer angemessen berücksichtigt werden. Auch die Punktzahl, die der Anwender für die Kriterien vergibt, steht im Ermessen des Anwenders, nur Willkür ist verboten.

8.1.4   Verfahrensarten

Es gibt mehrere Verfahrensarten. Welche Verfahrensart in der Ausschreibung angewendet werden muss, richtet sich zunächst nach dem Schwellenwert. Unter bestimmten Voraussetzungen kann die öffentliche Hand als Anwender dann wählen, welche Verfahrensart sie für das jeweilige Verfahren anwendet. Der Regelfall sind oberhalb der Schwellenwerte das sog. offene Verfahren bzw. das nichtoffene Verfahren.

8.1.4.1   Offenes Verfahren/öffentliche Ausschreibung

Beim offenen Verfahren ergeht eine Aufforderung zur Angebotsabgabe an die Allgemeinheit durch eine EU-weite Ausschreibung im EU-Amtsblatt; diese wird im Internet veröffentlicht. Zu spät eingereichte Angebote werden zwingend ausgeschlossen. Der Bieter darf bis zum Ende der Angebotsfrist ein Angebot abgeben, das erst nach Ablauf der Frist geöffnet wird, Verhandlungen über das Angebot sind verboten.

Unterhalb der Schwellenwerte ist der Ablauf ähnlich, das Verfahren wird dort öffentliche Ausschreibung genannt.

8.1.4.2   Nichtoffenes Verfahren/beschränkte Ausschreibung

Beim nichtoffenen Verfahren erfolgt eine Aufforderung an die Allgemeinheit zum Teilnahmewettbewerb ebenfalls durch eine EU-weite Ausschreibung im EU-Amtsblatt, daraus werden dann – ebenfalls nach vorher festgelegten Kriterien, die aber nicht die Leistung, sondern die Unternehmen betreffen – die Unternehmen ausgewählt, die zur Angebotsabgabe aufgefordert werden.

Auch hier ist der Ablauf unterhalb der Schwellenwerte ähnlich, dort heißt das Verfahren dann beschränkte Ausschreibung.

8.1.4.3   Verhandlungsverfahren

Ferner gibt es noch das Verhandlungsverfahren (früher wurde dieses unterhalb der Schwellenwerte freihändige Vergabe genannt; jetzt wird es auch unterhalb der Schwellenwerte als Verhandlungsverfahren bezeichnet). Hier erfolgt zunächst in der Regel ebenfalls ein Teilnahmewettbewerb, aus dem dann die Bieter ausgewählt werden. Der Anwender kann dann, muss aber nicht (wenn er das vorher klarstellt) mit den Bietern verhandeln, und zwar über

- den Auftragsinhalt,
- die Leistungsbedingungen und
- die Risikotragung.

Der Beschaffungsgegenstand muss allerdings immer identisch bleiben.

Das Verhandlungsverfahren ist allerdings nur unter bestimmten Voraussetzungen zulässig; dies sind z.B.

- In vorherigem Verfahren anderer Art (offenes Verfahren etc.) sind keine ordnungsgemäßen oder unannehmbare (zu hoher Preis, mangelnde Qualifikation des Bieters) Angebote abgegeben worden.
- Der Auftrag kann wegen der Art der Leistung oder der Risiken nicht ohne Verhandlungen vergeben werden.
- Es ist eine Anpassung an bereits verfügbare Lösungen erforderlich.

■ Der Auftrag umfasst konzeptionelle oder innovative Lösungen.

■ Der Auftrag kann wegen technischer Anforderungen nicht ausreichend genau beschrieben werden.

■ Zwingende Dringlichkeit, Nachlieferungen oder wenn aufgrund von ausschließlichen Rechten nur ein Unternehmen liefern kann (dazu oben S. 101, z.B. bei Patenten an dem Liefergegenstand oder bei Rechten am Quellcode der zu liefernden Software etc.). Bei Vorliegen dieser Voraussetzungen kann auf den sonst erforderlichen Teilnahmewettbewerb verzichtet werden, d.h., es findet kein oder nur sehr wenig Wettbewerb statt. Daher ist die Begründung mit ausschließlichen Rechten nur im absoluten Ausnahmefall möglich, d.h., wenn es keine gleichwertigen Liefergegenstände gibt, an denen keine ausschließlichen Rechte bestehen. Denkbar ist z.B., dass zur Erweiterung einer Software in den Quellcode eingegriffen werden muss und nur der Hersteller die Rechte am Quellcode hat. Es ist dann aber genau zu prüfen, ob nicht auch statt der Erweiterung der Software eine ganz neue Software beschafft werden könnte. Wenn das nicht sinnvoll ist, weil z.B. eine komplette Neuanschaffung viel teurer wäre als die Erweiterung, muss das im sog. Vergabevermerk ausführlich begründet werden.

8.1.4.4 Wettbewerblicher Dialog

Die Verfahrensart Wettbewerblicher Dialog gibt es nur oberhalb der Schwellenwerte. Auch hier erfolgt zunächst eine Aufforderung an die Allgemeinheit zum Teilnahmewettbewerb; daraus werden dann die Bieter ausgewählt, die zum Dialog aufgefordert werden. Es kommt dann zum Dialog über Lösungsvorschläge. Die Voraussetzungen für die Anwendung des Wettbewerblichen Dialogs sind seit dem 18.04.16 die gleichen wie die für ein Verhandlungsverfahren mit vorherigem Teilnahmewettbewerb (s.o.).

Da es beim Wettbewerblichen Dialog um Vorschläge für Lösungen eines Problems geht, also die genaue Lösung (z.B. hardwarebasiert, softwarebasiert, cloudbasiert) noch gar nicht feststeht, bietet sich dieses Verfahren bei IT-Beschaffungen häufig an.

8.1.4.5 Innovationspartnerschaft

Auch die Verfahrensart Innovationspartnerschaft gibt es nur oberhalb der Schwellenwerte. Auch hier erfolgt zunächst eine Aufforderung an die Allgemeinheit zum Teilnahmewettbewerb; daraus werden dann die Bieter ausgewählt, die zum Dialog aufgefordert werden. Bei der Innovationspartnerschaft geht es um die Forschungs- und Entwicklungsphase für noch nicht auf dem Markt verfügbare Leistungen. Danach erfolgt dann die Leistungsphase, in der die Entwicklung umgesetzt wird (nicht notwendigerweise vom in der ersten Phase erfolgreichen Bieter). Die Innovationspartnerschaft ist nur möglich, wenn sie im Gesetz ausdrücklich vorgesehen ist; sie ist also nur in Spezialfällen möglich, z.B. wenn eine Leistung dieser Art am Markt nicht verfügbar ist. Da die Innovationspartnerschaft erst am 18.04.16 eingeführt wurde, ist hier noch vieles unklar.

8.1.5   VgV, UVgO und VOL/B

Details der Vergabeverfahren waren früher, soweit es die Vergabe von Leistungen, die keine Bauleistungen sind (hierfür gilt weiterhin die VOB) und die auch nicht bestimmten Sektoren (Wasser, Energie, Verkehr, Post) zugeordnet sind, also auch, soweit es IT-Leistungen betrifft, in der VOL/A (Verdingungsordnung für Leistungen, Teil A) geregelt; diese ist seit 2017 für Vergaben oberhalb der Schwellenwerte durch die (im Vergleich zu früher wesentlich erweiterte) Vergabeverordnung (VgV) und für Vergaben unterhalb der Schwellenwerte durch die UVgO (Unterschwellenvergabeordnung) abgelöst worden. Die VgV

- regelt die Bestimmung des Auftragswerts;

- regelt, ob die VOB anwendbar ist;

- regelt die Wahl der Verfahrensarten (s.o.);

- regelt die Schwellenwerte.

Weiterhin bestehen die VOL/B („Allgemeine Vertragsbedingungen für die Ausführung von Leistungen"). Dabei handelt es sich letztlich um die Einkaufs-AGB (Allgemeine Geschäftsbedingungen) des Staates. Da die VOL/B aber für alle Arten von Leistungen (außer für Bauleistungen) erstellt wurden, also nicht speziell für IT-Leistungen angepasst sind, hat der Staat für den Einkauf von IT-Leistungen besondere Bedingungen vorgesehen, die EVB-IT; diese werden nachfolgend erläutert.

8.2   EVB-IT

Die öffentliche Hand hat für ihre IT-Beschaffungen eigene Bedingungen, die sog. EVB-IT. Die EVB-IT sind also die Einkaufs-AGB (Allgemeine Geschäftsbedingungen) des Staates. EVB-IT steht für: „Ergänzende Vertragsbedingungen für die Beschaffung von IT-Leistungen" bzw. „von Informationstechnik". Die EVB-IT sind zwar zwischen Staat und Wirtschaftsverbänden verhandelt worden (und daher einigermaßen ausgewogen), aber letztlich ist es Entscheidung des Staates, wie er die EVB-IT ausgestaltet. Die EVB-IT sind abrufbar unter http://www.cio.bund.de/Web/DE/IT-Beschaffung/EVB-IT-und-BVB/Aktuelle_ EVB-IT/aktuelle_evb_it_node.html.

Für EVB-IT gelten die gleichen gesetzlichen Anforderungen wie für andere AGB auch.[63] Auch der Staat selbst muss sich (natürlich) an die Gesetze halten. Ältere Regelungen in den Vorläufern der EVB-IT, den BVB (s.u.), wurden von Gerichten bereits für unwirksam erklärt.

---

[63] Allgemein zum AGB-Recht siehe *Gestaltung und Management von IT-Verträgen*, Kap. 4, sowie umfassend: *Allgemeine Geschäftsbedingungen von IT-Verträgen*.

In der Praxis werden die EVB-IT auch von Lieferanten verwendet. Dann sollte aber rechtlich geprüft werden, ob dies ohne Änderung geschehen kann.

Vor den EVB-IT gab es "Besondere Vertragsbedingungen für die Beschaffung DV-technischer Anlagen und Geräte" = BVB. Diese stammen aus den 70er Jahren und sind technisch und rechtlich überholt. Soweit es für das Anwendungsspektrum aber keine neue Regelung gibt, sind die BVB weiter anzuwenden. Das gilt derzeit nur noch für die BVB-Miete für Hardwaremiete und für die BVB-Planung für die Erstellung von Konzepten für Individualsoftware; die EVB-IT Planung sind bei Drucklegung noch in der Erstellung (zu weiteren geplanten EVB-IT s.u. S. 119).

Da der BITKOM (Bundesverband Informationswirtschaft, Telekommunikation und Neue Medien e. V.) an den Verhandlungen über den Text der EVB-IT umfangreich beteiligt war, kann man davon ausgehen, dass diese Vertragsbedingungen ein gutes Beispiel für Vertragsbedingungen bei IT-Beschaffung auf gehobenem Niveau darstellen.

8.3   Arten der EVB-IT

Es gibt für die verschiedenen Arten der IT-Beschaffung verschiedene EVB-IT, nämlich:

EVB-IT Überlassung

Typ A der EVB-IT Überlassung ist anwendbar für Kauf von Standardsoftware, also von Software, die nicht individuell für einen Anwender hergestellt wird.[64]

Typ B der EVB-IT Überlassung ist anwendbar für Miete von Standardsoftware.

EVB-IT Pflege S

Die EVB-IT Pflege S sind anwendbar für die Pflege von Standardsoftware.

EVB-IT Erstellung

Die EVB-IT Erstellung sind anwendbar für die Erstellung und Anpassung von Software.

EVB-IT Instandhaltung

Die EVB-IT Instandhaltung sind anwendbar für die Wartung/Instandsetzung von Hardware.

---

[64] Die EVB-IT Überlassung Typ A werden in *Allgemeine Geschäftsbedingungen von IT-Verträgen*, Kap. 5, in Auszügen im Einzelnen erläutert, insbesondere im Hinblick auf ihre Wirksamkeit unter AGB-rechtlichen Gesichtspunkten.

EVB-IT System

Die EVB-IT System sind anwendbar für die Beschaffung komplexer IT-Systeme. Sie kommen insbesondere in Abgrenzung zu den EVB-IT Systemlieferung (s.u.) dann zur Anwendung, wenn die werkvertraglichen Leistungen (Herstellung der Funktionsfähigkeit des Gesamtsystems, ggf. Softwareerstellung) Schwerpunkt der Leistung darstellen. Das ist i.d.R. der Fall, wenn die werkvertraglichen Leistungen mindestens 16% des Auftragswerts ausmachen.

EVB-IT Kauf

Die EVB-IT Kauf sind anwendbar für den Kauf von Hardware.

EVB-IT Dienstleistung

Die EVB-IT Dienstleistung sind anwendbar für Schulungsleistungen, für Beratungsleistungen, etc.

EVB-IT Systemlieferung

Die EVB-IT Systemlieferung sind anwendbar für die Lieferung von Hard- und/oder Software und Herstellung der Betriebsbereitschaft. Sie kommen insbesondere in Abgrenzung zu den EVB-IT System (s.o.) dann zur Anwendung, wenn die werkvertraglichen Leistungen (Herstellung der Funktionsfähigkeit des Gesamtsystems) keinen Schwerpunkt der Leistung darstellen. Das ist i.d.R. der Fall, wenn die werkvertraglichen Leistungen weniger als 16% des Auftragswerts umfassen und nur dann, wenn keine Softwareerstellung erforderlich ist.

8.4   Inhalt der EVB-IT

Die EVB-IT bestehen aus verschiedenen Teilen, nämlich einem Vertragsmuster für Einzelheiten, ggf. Anlagen, ggf. Mustern z.B. für Mängelmeldungen und den eigentlichen EVB-IT Bestimmungen. Diese enthalten als letzten Teil immer Definitionen, die in den Vertragsmustern i.d.R. mit * gekennzeichnet sind.

Im Vertragsmuster werden die Vertragspartner benannt.

Beispiel:

"Zwischen ____ und _____ wird folgender Vertrag geschlossen:"

Auch werden im Vertragsmuster

■ der Preis ("Gesamtpreis ____") und die Produkte spezifiziert und

■ ggf. besondere Eigenschaften der IT festgelegt.

■ Ferner werden in den Vertragsmustern, die die Beschaffung von Software betreffen, die Nutzungsrechte geregelt

▓ und bei Vertragsmustern, die die Beschaffung von Hardware betreffen, das Lieferdatum etc.

Im Folgenden werden die wichtigsten Regelungen dargestellt.

8.4.1   Nutzungsrechte

Hinsichtlich der Nutzungsrechte wird in den EVB-IT auf die Einzelregelungen im Vertrag(smuster) verwiesen. Werden keine Regelungen getroffen, wird z.B. bei den EVB-IT Überlassung Typ A ein nicht-ausschließliches, dauerhaftes, übertragbares Nutzungsrecht für eine beliebige Systemumgebung eingeräumt.[65]

Beispiel (EVB-IT Typ A):

„3.1 Soweit im Vertrag keine andere bestimmungsgemäße Nutzung vereinbart ist, räumt der Auftragnehmer dem Auftraggeber mit Vertragsschluss

■   *das nicht ausschließliche,*

■   *mit der Einschränkung der Ziffer 3.3 übertragbare,*

■   *dauerhafte, unwiderrufliche und unkündbare,*

■   *örtlich unbeschränkte,*

■   *in jeder beliebigen Hard- und Softwareumgebung ausübbare*

Recht ein, die Standardsoftware* zu nutzen, das heißt insbesondere dauerhaft oder temporär zu speichern und zu laden, sie anzuzeigen und ablaufen zu lassen. Dies gilt auch, soweit hierfür Vervielfältigungen notwendig werden. Das Recht, die Standardsoftware* in jeder beliebigen Hard- und Softwareumgebung zu nutzen, lässt die Einschränkung der Mängelansprüche gemäß Ziffer 7.4 unberührt."

8.4.2   Dokumentation

Bei den EVB-IT Überlassung Typ A ist z.B. die Dokumentation in Deutsch und ausgedruckt oder ausdruckbar zu liefern, ähnlich bei den EVB-IT Erstellung (zweifache Ausfertigung oder ausdruckbar).

---

[65] Vgl. im Einzelnen *Allgemeine Geschäftsbedingungen von IT-Verträgen*, Kap. 5.3.2

8.4.3 Vergütung

Die Vergütung umfasst z.B. bei den EVB-IT Überlassung Typ A alle vereinbarten Leistungen. Wenn der Lieferant bestimmte Leistungen, die nicht durch einen Festpreis abgedeckt werden sollen, gesondert vergütet haben möchte, muss er diese gesondert ausweisen.[66]

8.4.4 Verjährung

Die Verjährung wird zwar zugunsten des Anwenders gegenüber der gesetzlichen Regelung verlängert. Das gilt aber nicht für den in der Praxis wichtigsten Fall der Ansprüche wegen Mängeln („Gewährleistungsfrist"), s.u. bei Gewährleistungsfrist.[67]

8.4.5 Verzug

Bei Verzug muss der Lieferant pauschalierten Schadensersatz (0,2% des Auftragswerts pro Tag) leisten. Es ist aber eine summenmäßige Höchsthaftung von 5% des Gesamtpreises vorgesehen, z.B. bei den EVB-IT Überlassung Typ A und bei den EVB-IT Erstellung.[68]

Beispiel (EVB-IT Typ A):

„5.3 Soweit nichts anderes vereinbart ist, ist der Auftraggeber für den Fall der Überschreitung des vereinbarten Termins um mehr als sieben Kalendertage berechtigt, für jeden Kalendertag, an dem sich der Auftragnehmer in Verzug befindet, eine Vertragsstrafe in Höhe von 0,2 % der Überlassungsvergütung zu verlangen. Satz 1 gilt auch für Überschreitungen von vereinbarten Terminen für Teilleistungen. In diesem Fall berechnet sich die Vertragsstrafe nach dem auf die Teilleistung entfallen den Anteil an der Überlassungsvergütung. Insgesamt darf die Summe der aufgrund dieser Regelung zu zahlenden Vertragsstrafen jedoch nicht mehr als 5 % der Überlassungsvergütung betragen. Vertragsstrafen werden auf Schadensersatzansprüche angerechnet."

8.4.6 Gewährleistung (Haftung für Mängel)

Bei der Haftung besteht eine für den Lieferanten sehr günstige summenmäßige Höchsthaftung auf den Auftragswert, wenn auch mindestens auf EUR 50.000, so z.B. bei den EVB-IT Überlassung Typ A.[69] Dies gilt nicht bei Vorsatz, grober Fahrlässigkeit, Fehlen besonders

---

[66] Vgl. im Einzelnen *Allgemeine Geschäftsbedingungen von IT-Verträgen*, Kap. 5.5.

[67] Vgl. im Einzelnen *Allgemeine Geschäftsbedingungen von IT-Verträgen*, Kap. 5.10.

[68] Vgl. im Einzelnen *Allgemeine Geschäftsbedingungen von IT-Verträgen*, Kap. 5.6.2 und 5.6.3.

[69] Vgl. im Einzelnen *Allgemeine Geschäftsbedingungen von IT-Verträgen*, Kap. 5.7.7.

vereinbarter/zugesicherter Eigenschaft, Körperverletzung und arglistigem Verschweigen eines Mangels.[70]

Beispiel (EVB-IT Typ A):

„Sofern keine andere vertragliche Haftungsvereinbarung vorliegt, gelten für alle gesetzlichen und vertraglichen Schadens- und Aufwendungsersatzansprüche des Auftraggebers folgende Regelungen:

9.1 Bei leicht fahrlässigen Pflichtverletzungen wird die Haftung für den Vertrag insgesamt grundsätzlich auf die Überlassungsvergütung beschränkt. Beträgt die Überlassungsvergütung weniger als EUR 50.000,-, wird die Haftung auf EUR 50.000,- beschränkt.

9.2 Die Haftung für leicht fahrlässig verursachten Verzug wird insgesamt auf 50 % der Haftungsobergrenzen gemäß Ziffer 9.1 beschränkt. Im Falle weiterer leicht fahrlässiger Pflichtverletzungen überschreitet die Haftung des Auftragnehmers für den Vertrag jedoch nicht die in Ziffer 9.1 vereinbarten Haftungsobergrenzen.

9.3 Bei Verlust von Daten haftet der Auftragnehmer nur für denjenigen Aufwand, der bei ordnungsgemäßer und regelmäßiger Datensicherung durch den Auftraggeber für die Wiederherstellung der Daten erforderlich gewesen wäre. Die Beschränkung gilt nicht, wenn und soweit die Datensicherung Bestandteil der vom Auftragnehmer zu erbringenden Leistungen ist.

9.4 Ansprüche aus entgangenem Gewinn sind ausgeschlossen, soweit nichts anderes vereinbart ist.

9.5 Die Haftungsbeschränkungen gelten nicht für Ansprüche wegen Vorsatz und grober Fahrlässigkeit, bei der Verletzung des Lebens, des Körpers oder der Gesundheit, bei Arglist, soweit das Produkthaftungsgesetz zur Anwendung kommt sowie bei einem Garantieversprechen, soweit bzgl. Letzterem nichts anderes geregelt ist."

Die Haftungsregelung ist für den Anwender ungünstig, da der Lieferant (abweichend von den gesetzlichen Bestimmungen[71]) in der Regel nicht unbeschränkt haftet. Der Anwender sollte daher möglichst eine stärkere Haftung des Lieferanten vereinbaren.

Für den Lieferanten ist die Haftungsregelung sehr günstig, da er eine sehr weitgehende Haftungsbeschränkung bekommt. Wenn der Lieferant die EVB-IT von sich aus verwendet, können die Regelungen allerdings aus AGB-rechtlichen Gründen unwirksam sein.[72] Der An-

---

[70] Vgl. im Einzelnen *Allgemeine Geschäftsbedingungen von IT-Verträgen*, Kap. 5.7.10.

[71] Siehe o. S. 52.

[72] Vgl. im Einzelnen *Allgemeine Geschäftsbedingungen von IT-Verträgen*, Kap. 5.6.2 , 5.7.7 und 2.3.5 (1).

wender sollte daher in diesem Fall genau prüfen, ob er mit dem Lieferanten über die Regelung diskutiert, wodurch die Regelung allerdings zur Individualvereinbarung wird und damit wirksam wird, oder ob er sich erst im Streitfall darauf berufen will, dass die Haftungsbeschränkung unwirksam ist; allerdings mit dem Risiko, dass ein Gericht dann doch zu der Auffassung kommt, dass die Regelung wirksam ist; zudem muss dann die Sache voraussichtlich vor Gericht ausgetragen werden.

8.4.7 Gewährleistungsfrist

Die Gewährleistungsfrist beträgt z.B. bei den EVB-IT Überlassung Typ A 12 Monate ab Überlassung, wenn nichts anderes vereinbart ist.

Beispiel (EVB-IT Typ A):

„7.2 Die Verjährungsfrist für Sach- und Rechtsmängelansprüche beträgt 12 Monate nach der Lieferung, soweit nichts anderes vereinbart ist. [...]"

Dies weicht von der gesetzlichen Regelung (24 Monate) zu Gunsten des Lieferanten ab.[73] Der Lieferant sollte daher ggf. mindestens die gesetzliche Frist vereinbaren. Abweichende Regelungen sind ausdrücklich vorgesehen („soweit nichts anderes vereinbart ist").

8.4.8 Schutzrechtsverletzungen

Es besteht eine Verpflichtung des Lieferanten, dafür zu sorgen, dass die Schutzrechtsverletzungen beseitigt werden oder der Anwender von Ansprüchen Dritter freigestellt wird.[74]

Beispiel (EVB-IT Typ A):

„8.1 Macht ein Dritter gegenüber dem Auftraggeber Ansprüche wegen der Verletzung von Schutzrechten durch die Nutzung der Standardsoftware* geltend und wird deren Nutzung hierdurch beeinträchtigt oder untersagt, haftet der Auftragnehmer wie folgt:

■ *Der Auftragnehmer wird nach seiner Wahl und auf seine Kosten entweder die Leistungen so ändern oder ersetzen, dass sie das Schutzrecht nicht verletzten, aber im Wesentlichen doch den vereinbarten Funktions- und Leistungsmerkmalen in für den Auftraggeber zumutbarer Weise entsprechen, oder den Auftraggeber von Ansprüchen gegenüber dem Schutzrechtsinhaber freistellen.*

---

[73] Vgl. im Einzelnen *Allgemeine Geschäftsbedingungen von IT-Verträgen*, Kap. 5.7.6.

[74] Vgl. im Einzelnen *Allgemeine Geschäftsbedingungen von IT-Verträgen*, Kap. 5.8.1.

■ *Ist die Nacherfüllung dem Auftragnehmer unmöglich oder nur zu unverhältnis-*
mäßigen Bedingungen möglich, hat er das Recht, die betroffenen Leistungen ge-
gen Erstattung der entrichteten Vergütung zurückzunehmen. Der Auftragnehmer
hat dem Auftraggeber dabei eine angemessene Auslauffrist zu gewähren, es sein
denn, dies ist nur zu unzumutbaren rechtlichen oder sonstigen Bedingungen mög-
lich. Die sonstigen Ansprüche des Auftraggebers z.B. auf Rücktritt, Minderung
und Schadensersatz bleiben unberührt."

8.4.9   Datenschutz, Geheimhaltung und Sicherheit

Der Lieferant muss seine Mitarbeiter auf das Datengeheimnis verpflichten.

Der Lieferant und der Anwender müssen vertrauliche Informationen, Betriebs- und Geschäftsgeheimnisse vertraulich behandeln.[75]

Beispiel (EVB-IT Typ A):

„10.1 Werden personenbezogene Daten im Auftrag durch den Auftragnehmer erhoben,
verarbeitet oder genutzt, werden die Parteien eine den gesetzlichen Vorschriften ge-
nügende Vereinbarung zur Auftragsdatenverarbeitung abschließen.

10.2 Der Auftragnehmer sorgt dafür, dass alle Personen, die von ihm mit der Bearbei-
tung oder Erfüllung des Vertrages betraut sind, die gesetzlichen Bestimmungen über
den Datenschutz beachten. Die nach Datenschutzrecht erforderliche Verpflichtung auf
das Datengeheimnis ist dem Auftraggeber auf Verlangen nachzuweisen.

10.3 Die Parteien sind verpflichtet, alle im Rahmen des Vertragsverhältnisses erlang-
ten vertraulichen Informationen, Geschäfts- und Betriebsgeheimnisse vertraulich zu
behandeln, insbesondere nicht an Dritte weiterzugeben oder anders als zu vertragli-
chen Zwecken zu verwerten. Der Erfahrungsaustausch des Auftraggebers mit und in-
nerhalb der öffentlichen Hand bleibt unbenommen, ebenso wie die Erfüllung gesetz-
licher Pflichten des Auftraggebers. Unberührt bleibt die Pflicht zum vertraulichen
Umgang mit auf der Grundlage des Vertrages erlangten Geschäfts- und Betriebsge-
heimnissen.

---

[75] Vgl. im Einzelnen *Allgemeine Geschäftsbedingungen von IT-Verträgen*, Kap. 5.11.

10.4 Vertrauliche Informationen sind Informationen, die ein verständiger Dritter als schützenswert ansehen würde oder die als vertraulich gekennzeichnet sind; dies können auch solche Informationen sein, die während einer mündlichen Präsentation oder Diskussion bekannt werden. Vertrauliche Informationen dürfen ausschließlich zum Zweck der Erfüllung der Verpflichtungen aus dem Vertrag eingesetzt werden. Die Verpflichtung zur Vertraulichkeit gilt nicht für Informationen, die den Parteien bereits rechtmäßig bekannt sind oder außerhalb des Vertrages ohne Verstoß gegen eine Vertraulichkeitsverpflichtung bekannt werden. "

8.4.10 Textform

Die EVB-IT sehen vor, dass vertragliche Mitteilungen und Erklärungen in Textform geschlossen werden sollen. Unter die Textform fallen auch E-Mails. Mündliche Vereinbarungen sind trotz der Regelung aber wirksam. Mündliche Vereinbarungen muss allerdings derjenige beweisen, der sich darauf beruft. Also empfiehlt es sich, solche Änderungen oder Ergänzungen, die den Anwender begünstigen, schriftlich zu bestätigen.[76]

Beispiel (EVB-IT Typ A):

„12. Soweit nichts anderes geregelt ist, bedürfen vertragliche Mitteilungen und Erklärungen mindestens der Textform. "

8.4.11 Anwendbares Recht

Es ist deutsches Recht unter Ausschluss des UN-Kaufrechts anwendbar.[77]

Beispiel (EVB-IT Typ A):

„13. Es gilt das Recht der Bundesrepublik Deutschland unter Ausschluss des Übereinkommens der Vereinten Nationen über Verträge über den internationalen Warenkauf (CISG*). "

8.5 Weitere Entwicklung

In Planung bzw. schon in der Erstellung sind noch

- die EVB-IT Planung für die Erstellung von Konzepten für Individualsoftware (bei Drucklegung in der Erstellung),

---

[76] Vgl. im Einzelnen *Allgemeine Geschäftsbedingungen von IT-Verträgen*, Kap. 5.12 und Kap. 2.1.3 (3).

[77] Vgl. im Einzelnen *Allgemeine Geschäftsbedingungen von IT-Verträgen*, Kap. 5.13.

■ die EVB-IT Miete für die Miete von Hardware, und

■ die EVB-IT Cloud. Diese sind bei Drucklegung in der Erstellung und anschließender Verhandlung zwischen dem BITKOM und der öffentlichen Hand. Mit einer Fertigstellung ist daher wohl erst längerfristig zu rechnen.

Auch die derzeit bestehenden EVB-IT werden aufgrund von Modifikationswünschen der Anwender überprüft und ggf. geändert. Daher sollte der Anwender, der die EVB-IT nutzt, ggf. prüfen, ob sich die aktuelle Version der EVB-IT geändert hat.

9 Einsatz von IT-Freelancern und Überlassung von Arbeitnehmern

Setzt der Anwender IT-Freelancer ein, oder schickt der Lieferant IT-Freelancer zum Anwender, können sich Probleme aus dem Arbeits- und Sozialrecht ergeben. Das Gleiche gilt auch, wenn der Lieferant eigene Mitarbeiter für längere Zeit zum Anwender schickt. Auch das muss der Anwender bei IT-Beschaffungen beachten.

9.1 Gesetzliche Lage seit 2017

Beim Einsatz von IT-Freelancern muss darauf geachtet werden, dass die IT-Freelancer auch wirklich als freie Mitarbeiter tätig werden und nicht zum Arbeitnehmer werden, Stichwort Scheinselbstständigkeit. Das ist den meisten Anwendern, die IT-Freelancer einsetzen, bekannt. Neu ist allerdings, dass seit dem 01.04.17 im Gesetz definiert ist, wann ein Arbeitsvertrag vorliegt und damit also auch, wann ein IT-Freelancer ein Arbeitnehmer im Rechtssinne ist. Durch das Gesetz zur Änderung des Rechts der Arbeitnehmerüberlassung wurde in das BGB ein neuer § 611 a eingefügt (die §§ 611 ff. BGB regeln den Dienstvertrag[78], also die Vertragsart, die regelmäßig auf den Einsatz von IT-Freelancern anwendbar ist und zu der der Arbeitsvertrag ein besonderer Unterfall ist, eben mit Sonderrechten für Arbeitnehmer). Im neuen § 611 a BGB heißt es in Abs. 1:

> „Durch den Arbeitsvertrag wird der Arbeitnehmer im Dienste eines anderen zur Leistung weisungsgebundener, fremdbestimmter Arbeit in persönlicher Abhängigkeit verpflichtet. Das Weisungsrecht kann Inhalt, Durchführung, Zeit und Ort der Tätigkeit betreffen. Weisungsgebunden ist, wer nicht im Wesentlichen frei seine Tätigkeit gestalten und seine Arbeitszeit bestimmen kann. Der Grad der persönlichen Abhängigkeit hängt dabei auch von der Eigenart der jeweiligen Tätigkeit ab. Für die Feststellung, ob ein Arbeitsvertrag vorliegt, ist eine Gesamtbetrachtung aller Umstände vorzunehmen. Zeigt die tatsächliche Durchführung des Vertragsverhältnisses, dass es sich um ein Arbeitsverhältnis handelt, kommt es auf die Bezeichnung im Vertrag nicht an."

Wichtig ist also zunächst, dass der IT-Freelancer nicht weisungsgebunden sein darf, sondern z.B. selbst entscheidet, wann er kommt. „Urlaub", „Krankmeldungen" etc. gibt es nicht. An- und Abwesenheiten sind daher – wenn überhaupt – nur auf Projektplanungsebene zu besprechen (keine Regelung im Vertrag!). Wichtig und im Gesetz ausdrücklich festgeschrieben ist weiter, dass die Bezeichnung des Vertrags – wie fast immer im Recht – allenfalls eine

---

[78] Zur Abgrenzung Werkvertrag und Dienstvertrag siehe *Gestaltung und Management von IT-Verträgen*, Kap. 6.2.

© Springer-Verlag GmbH Deutschland, ein Teil von Springer Nature 2022
M. Erben, W. G. H. Günther, *Beschaffung von IT-Leistungen*,
https://doi.org/10.1007/978-3-662-65077-6_9

Indizwirkung hat, so dass die Frage, ob ein IT-Freelancer rechtlich als Arbeitnehmer einzu-stufen ist, nicht von der Bezeichnung des Vertrags abhängt, sondern davon, wie der Vertrag tatsächlich durchgeführt wird.

Wer sich bereits in der Vergangenheit intensiver mit der Abgrenzung zwischen Arbeitsver-trag und reinem Dienst- (oder Werk-)vertrag befasst hat, dem wird das alles bekannt vor-kommen. Denn letztlich ist es so, dass der Gesetzgeber in der „neuen" Arbeitnehmerdefini-tion nur das festgeschrieben hat, was schon seit Jahrzenten ständige Rechtsprechung und Praxis der Behörden ist. Für die Frage, wann ein IT-Freelancer aus rechtlicher Sicht Arbeit-nehmer ist, ändert sich also letztlich fast nichts. Wenn der IT-Freelancer Scheinselbstständi-ger ist, muss der Auftraggeber des IT-Freelancers, der (dann) Arbeitgeber ist, wie auch nach der bisherigen Rechtslage Sozialabgaben etc. nachzahlen, und der „IT-Freelancer", der dann Arbeitnehmer ist, hat den gesetzlichen Kündigungsschutz eines Arbeitnehmers und kann die sonstigen Rechte eines Arbeitnehmers (Urlaub, Lohnfortzahlung bei Krankheit etc.) gel-tend machen.

Inhaltliche Änderungen gibt es allerdings im Hinblick auf Arbeitnehmerüberlassung. Wenn ein Lieferant seinen Angestellten zur Arbeit zum Anwender entsendet und der IT-Mitarbei-ter in die Organisation des Anwenders eingebunden wird, dann besteht die Gefahr, dass der IT-Mitarbeiter rechtlich nicht mehr als Mitarbeiter des Lieferanten behandelt wird, obwohl er mit diesem einen Arbeitsvertrag hat, sondern als Arbeitnehmer des Anwenders eingestuft wird, und zwar mit allen rechtlichen Verpflichtungen für den Anwender in Bezug auf die o.g. Arbeitnehmerrechte.

Bisher haben viele Lieferanten als Vorsorge für solche Fälle eine Erlaubnis eingeholt, Arbeit-nehmerüberlassung durchführen zu dürfen, auch wenn sie ihre Mitarbeiter nur im Rahmen von „normalen" Dienstverträgen oder Werkverträgen zu den Anwendern gesendet haben. Wenn die Behörden oder Gerichte dann festgestellt haben, dass der Mitarbeiter des Liefe-ranten in die Organisation des Anwenders eingegliedert wurde und somit eigentlich Arbeit-nehmer des Anwenders geworden war, konnte sich der Lieferant im Nachhinein darauf be-rufen, dass er eine Erlaubnis zur Arbeitnehmerüberlassung habe. Bei Arbeitnehmerüberlas-sung ist es aber ausdrücklich erlaubt und gerade vorgesehen, dass der Mitarbeiter des Ent-senders (also des Lieferanten) in die Organisation des Entleihers (also in der Regel des An-wenders) eingegliedert wird. Durch diese sog. Vorratserlaubnis konnte bisher also verhin-dert werden, dass der Mitarbeiter des Lieferanten rechtlich zum Arbeitnehmer des Anwen-ders wurde.

Dieser Weg ist aber jetzt versperrt. Denn Verleiher und Entleiher haben die Überlassung von Leiharbeitnehmern in ihrem Vertrag jetzt ausdrücklich als Arbeitnehmerüberlassung zu be-zeichnen, *bevor* sie den Leiharbeitnehmer überlassen oder tätig werden lassen. Wenn sie das nicht machen und sich später herausstellt, dass eigentlich Arbeitnehmerüberlassung vor-liegt, weil der Mitarbeiter des Lieferanten in die Organisation des Anwenders eingegliedert wurde, ist nach der neuen Rechtslage nicht nur der Vertrag zwischen Verleiher (Lieferanten) und Entleiher (Anwender), sondern auch der (dann ja falsch bezeichnete) Vertrag zwischen dem Verleiher (Lieferanten) und dem „Leiharbeitnehmer" (also dem Mitarbeiter des Liefe-ranten) unwirksam, d.h., der Mitarbeiter wird dann Arbeitnehmer des Anwenders. Dies gilt nur dann nicht, wenn der Mitarbeiter schriftlich bis zum Ablauf eines Monats nach dem zwischen Verleiher und Entleiher für den Beginn der Überlassung vorgesehenen Zeitpunkt gegenüber dem Verleiher oder dem Entleiher erklärt, dass er weiter Arbeitnehmer des Verleihers bleiben will. Auch drohen v.a. auch dem Anwender dann Bußgelder. Es ist also verstärkt darauf zu achten, dass der Mitarbeiter eines Lieferanten nicht in die Organisation des Anwenders eingegliedert wird. Letztlich sind also die gleichen Maßnahmen zu treffen, die auch verhindern sollen, dass ein IT-Freelancer oder Arbeitnehmer des Lieferanten zum scheinselbstständigen Arbeitnehmer wird. Mehr dazu im Folgenden.

9.2   Maßnahmen zur Verhinderung von Scheinselbstständigkeit und Arbeitnehmerüberlassung

Wenn ein Unternehmen einen Mitarbeiter zu einem Anwender schickt, damit der Mitarbeiter dort einen Auftrag durchführt, handelt es sich im Ansatz um einen normalen Werkvertrag zwischen dem Unternehmen und dem Anwender. Das ist unmittelbar einsichtig, wenn etwa ein Handwerksbetrieb seinen Mitarbeiter zu dem Anwender schickt, damit der Mitarbeiter dort die Fenster austauscht. Schwieriger wird die Abgrenzung dann, wenn der Mitarbeiter des Unternehmens länger beim Anwender bleibt und z.B. ein eigenes Büro bekommt. Das ist z.B. dann der Fall, wenn ein IT-Lieferant einen IT-Mitarbeiter zum Anwender schickt, weil der IT-Mitarbeiter in einem länger laufenden Projekt eine Software einführen oder optimieren soll. Je mehr der IT-Mitarbeiter in die Organisation des Anwenders eingebunden wird, umso eher besteht die Gefahr, dass der IT-Mitarbeiter rechtlich nicht mehr als Mitarbeiter des IT-Lieferanten eingestuft wird, obwohl er mit diesem einen Arbeitsvertrag hat, sondern als Mitarbeiter des Anwenders, und zwar mit allen rechtlichen Folgen für den Anwender wie Sozialversicherungspflicht, Lohnsteuer etc.

Soll der Mitarbeiter tatsächlich in die Arbeitsorganisation des Anwenders eingegliedert werden und dennoch Mitarbeiter des IT-Lieferanten bleiben, ist das rechtlich nur möglich, wenn der IT-Lieferant eine entsprechende Erlaubnis zur Arbeitnehmerüberlassung hat (wie oben dargestellt, reicht aber eine rein vorsorglich eingeholte Erlaubnis nicht mehr aus) und wenn die gesetzlichen Voraussetzungen für die Arbeitnehmerüberlassung eingehalten werden. Insbesondere muss der gleiche Lohn wie für vergleichbare Mitarbeiter des Anwenders gezahlt werden, wenn nicht ein Tarifvertrag etwas anderes zulässt. Werden diese Voraussetzungen nicht eingehalten, führt das zu einem Arbeitsverhältnis zwischen dem Entleiher, also dem Anwender, und dem „Leiharbeitnehmer". Zudem ist die Überlassung eines Leiharbeitnehmers ohne Erlaubnis eine Ordnungswidrigkeit, die mit einer Geldbuße von bis zu EUR 25.000 geahndet werden kann!

Oft ist aber gewollt, dass nur ein Werkvertrag (oder auch Dienstvertrag) mit dem Lieferanten bestehen soll und keine echte Arbeitnehmerüberlassung, weil dann der Lieferant allein verantwortlich für seinen Mitarbeiter ist und auch nur dessen mit dem Lieferanten vereinbartes Gehalt vom Lieferanten zu zahlen ist, oder auch, weil der Lieferant keine Erlaubnis für die Arbeitnehmerüberlassung hat.

Wichtig ist dann, dass es nicht nur darauf ankommt, was in den Verträgen steht. Manchmal kann eine Regelung in einem Vertrag, z.B. dass bestimmt keine Arbeitnehmerüberlassung vorliege, sogar eher darauf hindeuten, dass genau das der Fall ist, denn sonst müsste man das gar nicht ansprechen; im obigen Beispiel mit dem Fensterbauer käme ja auch niemand auf die Idee, in den Vertrag zwischen Anwender und Handwerksbetrieb aufzunehmen, dass keine Arbeitnehmerüberlassung vorliegt. Es kommt vielmehr darauf an, dass der Fremd-Mitarbeiter auch in der Praxis organisatorisch nicht wie ein normaler Mitarbeiter behandelt wird. Dazu sind u.a. folgende Punkte zu beachten:

- Der Fremd-Mitarbeiter sollte im Telefonverzeichnis des Anwenders nicht innerhalb des allgemeinen Verzeichnisses der Mitarbeiter, sondern gesondert geführt werden.

- Besser sind getrennte Telefonverzeichnisse für eigene Mitarbeiter des Anwenders und für solche des Auftragnehmers mit dem Zusatz "Auftragnehmer" (Lieferant).

- Bei Einsatz von E-Mail sollte die des Fremd-Arbeitnehmers entsprechend gekennzeichnet werden (z.B. name_externer_ma@anwender.de).

  - Das Hauptproblem liegt hier aber in der Kanalisierung des Schriftverkehrs: Dieser sollte im Wesentlichen über den Fremd-Arbeitnehmer laufen.
  - Schließlich stellt sich die Frage, ob der Fremd-Arbeitnehmer wirklich eine E-Mail-Adresse beim Anwender benötigt – in aller Regel ist das, wenn überhaupt, nur intern der Fall.

- Der Fremd-Arbeitnehmer sollte nicht in die allgemeine Geburtstagsliste aufgenommen werden.

- Der Fremd-Arbeitnehmer sollte Stundennachweise nicht auf den Formularen des Anwenders führen, sondern nur auf solchen seines Arbeitgebers (des Lieferanten).

- Stechuhren sind nur für die Mitarbeiter des Anwenders da!

- Kleidung und Kantinenessen zum verbilligten/subventionierten Preis dürfen für den Fremd-Arbeitnehmer nicht gelten.

- „Urlaub", „Krankmeldungen" etc. gibt es nicht, der Fremd-Arbeitnehmer bzw. sein Arbeitgeber (der Lieferant) entscheidet, wann der Fremd-Arbeitnehmer kommt.

  - An- und Abwesenheiten sind daher – wenn überhaupt – nur auf Projektplanungsebene zu besprechen (keine Regelung im Vertrag!).

- Reisekosten dürfen nicht auf den Formularen abgerechnet werden, die von den Mitarbeitern des Anwenders verwendet werden.

- Der Fremd-Arbeitnehmer sollte so viele Arbeitsmittel seines Arbeitgebers (des Lieferanten) wie kostenmäßig vertretbar einsetzen.

  - Das bedeutet: Er bringt möglichst seinen eigenen Firmen-PC/sein Notebook mit und nutzt eigene Firmen-Software. Außerdem sollte der Lieferant Materialausgaben selbst tätigen (z.B. Ordner, Tipp-Ex, Tesafilm, DVDs, USB-Sticks etc.).

■ Der Fremd-Arbeitnehmer darf nicht an Fortbildungskursen des Anwenders teilnehmen.

Weitgehend das Gleiche gilt beim Einsatz von Freiberuflern, wenn Scheinselbstständigkeit vermieden werden soll. Vereinfacht kann man es so ausdrücken: Ist der Fremd-Mitarbeiter angestellt bei einem IT-Lieferanten und wird er in die Arbeitsorganisation des Anwenders eingegliedert, droht eine Einstufung als Arbeitnehmerüberlassung mit der Folge, dass der Mitarbeiter rechtlich als Arbeitnehmer des Anwenders behandelt wird, wenn der Lieferant keine Erlaubnis für die Arbeitnehmerüberlassung hat und diese vor der „Überlassung" an den Anwender vertraglich nicht als solche bezeichnet wurde. Ist der Fremd-Mitarbeiter Freiberufler und wird in die Arbeitsorganisation des Anwenders eingegliedert, droht Scheinselbständigkeit, d.h., der Fremd-Mitarbeiter wird auch dann rechtlich als Arbeitnehmer des Anwenders behandelt und der Anwender muss dann Sozialabgaben und Lohnsteuer abführen und ggf. Bußgeld zahlen; bei Vorsatz drohen sogar bis zu fünf Jahre Gefängnis wegen der Nichtabführung der Sozialversicherungsbeiträge.

10 Rechtliche Risiken bei Eigenbeschaffung von IT durch Mitarbeiter

Anstatt die von der IT-Abteilung des Anwenders zur Verfügung gestellte IT-Infrastruktur (Hardware, Software, Netzwerk, Services) zu verwenden, verwenden die Mitarbeiter häufig selbst eingekaufte Software und IT-Endgeräte oder die Infrastruktur externer Dritter, sog. Eigenbeschaffung von IT.

Gründe dafür sind häufig, dass die zur Verfügung gestellte Infrastruktur aus Sicht der Mitarbeiter nicht immer reibungslos funktioniert und der Support dann nicht oder nicht zeitnah genug helfen kann, z.B., weil die IT-Abteilung bzw. der Lieferanten-Support nur zu den üblichen Büro-Arbeitszeiten besetzt ist, die IT aber auch am Wochenende und nachts benötigt wird. Das gilt je nach Branche auch und gerade für IT, die nur für organisatorische Zwecke (z.B. Dokumentation etc.) benötigt wird. Denn die Bearbeitung dieser Unterlagen kann häufig nur in den Randzeiten erfolgen, weil während der üblichen Arbeitszeiten dafür keine Zeit ist. Daher greifen die Mitarbeiter in solchen Fällen auf die IT zurück, die sie kennen, sei es aus Privatgebrauch oder aus früheren Tätigkeiten.

Häufig erfüllt die bereitgestellte IT aus Sicht der Mitarbeiter auch nicht die Anforderungen, weil die Mitarbeiter oft nicht ausreichend in die Beschaffung einbezogen wurden, und der organisatorische Aufwand, der nötig wäre, um eine (neue oder geänderte) passende Infrastruktur zu erhalten, erscheint den Mitarbeitern so groß, dass sie zur Beschleunigung und Arbeitserleichterung die ihnen geeignet erscheinende IT selbst beschaffen.

Neben den technischen Risiken (Viren, Inkompatibilitäten etc.) hat ein solches Vorgehen auch massive rechtliche Risiken, auf die im Folgenden hingewiesen wird.

Zunächst besteht das Risiko, dass die selbst eingekaufte IT ggf. gar nicht für den Betrieb beim Anwender zugelassen ist und/oder dass hierfür keine Nutzungsrechte (Lizenzen) bestehen. Nicht nur für die Mitarbeiter, sondern, da das Verhalten in der Regel dem Anwender bekannt sein dürfte, auch für die kaufmännische Leitung des Anwenders besteht daher das Risiko, wegen Urheberrechtsverletzungen zur Verantwortung gezogen zu werden, sowohl zivilrechtlich als auch strafrechtlich. Selbst wenn der Geschäftsführung des Anwenders das Verhalten nicht bekannt ist, sondern z.B. nur der IT-Abteilung, kann die Geschäftsführung haften, wenn sie keine Überwachungs- und Meldepflichten implementiert hat und (!) deren Einhaltung auch regelmäßig kontrolliert (Stichwort: IT-Compliance).

Wenn es zu Fehlfunktionen der selbst eingekauften IT kommt, die zu finanziellen Schäden für den Anwender führen, bestehen zudem in der Regel keine Regressmöglichkeiten gegen den Hersteller der IT; sei es, weil der Einsatz der IT beim Anwender ohnehin nicht für den konkreten Einsatz zugelassen war, was mangels rechtlicher Prüfung der Verträge (wenn es solche überhaupt in schriftlicher Form gibt) unbekannt ist; sei es, weil die Mitarbeiter beim

Selbsteinkauf in der Regel keine rechtlich begleiteten Vertragsverhandlungen geführt haben, so dass der Lieferant der IT seine Haftung für Schäden meist weitgehend ausgeschlossen haben wird.

Bei von Mitarbeitern der Fachabteilung selbst eingekaufter IT besteht ferner ein erhöhtes Risiko, dass personenbezogene (Kunden-)Daten an Unbefugte gelangen; es besteht also die massive Gefahr von Verstößen gegen das Datenschutzrecht, die Schadensersatzforderungen und Bußgelder zur Folge haben können. Die Bußgelder können unter der DSGVO[79] bis zu EUR 20.000.000 oder bis zu 4 % des gesamten weltweit erzielten Jahresumsatzes des vorangegangenen Geschäftsjahrs betragen. Auch hier besteht aus den o.g. Gründen die Gefahr, dass die Geschäftsführung selbst haftet, weil ihr das Verhalten bekannt ist oder aber nur aufgrund fehlender Kontrollmechanismen nicht bekannt ist.

Um die genannten Risiken zu verhindern, müssen zum einen klare und arbeitsrechtlich bindende Anweisungen bestehen, dass der Einsatz von selbst beschaffter IT nicht zulässig ist. Allein das wird aber nicht helfen. Es müssen gleichzeitig klare Regeln dafür bestehen, dass die Mitarbeiter nicht für finanzielle Schäden verantwortlich sind, die aufgrund nicht funktionierender IT entstehen. Auch das wird aber oft nicht nutzen, wenn die IT in dringenden Fällen benötigt wird. Daher muss bereits bei der Beschaffung darauf geachtet werden, dass die Verträge Regelungen zum umgehenden Support durch den Lieferanten beinhalten, und zwar zu jeder Zeit, zu der die IT genutzt wird, also in manchen Branchen häufig zu jeder Zeit („24/7").

Auch müssen die Mitarbeiter stark in die Beschaffung eingebunden werden, und zwar diejenigen Mitarbeiter, die die IT vorrangig nutzen, was in der Regel die unteren Hierarchieebenen sein werden, also die „einfachen" Angestellten.

Auch dies verdeutlicht, wie wichtig es für den Anwender ist, die Anforderungen an die IT schon im Beschaffungsprozess genau zu beschreiben (siehe S. 15 ff.), damit er dann auch die Leistung bekommt, die er wünscht, was im Ergebnis dazu führt, dass die äußerst riskante Eigenbeschaffung vermieden wird.

---

[79] Siehe S. 75.

11 Schlusswort

Kommen wir damit zum Abschluss unseres Buches und zu den aus unserer Sicht wichtigsten Ratschlägen für die Beschaffung von IT-Leistungen:

- Sichern Sie die Pflege ab.

- Suchen Sie den passenden Lieferanten aus.

- Formulieren Sie vorbeugend.

- Vermeiden Sie Risiken und klären Sie Risiken möglichst vor Vertragsabschluss.

- Verinnerlichen Sie die Bedeutung der Schriftform.

- Und, vielleicht am wichtigsten: Schaffen Sie *rechtzeitig* Beweismittel.

Denn Beweismittel sind, wenn es zur Krise kommt – z. B. Leistung entspricht nicht den Anforderungen –, enorm wichtig, können dann aber kaum bis gar nicht mehr geschaffen werden. Außerdem kann der Wert eines auf den ersten Blick unnützen („kostet doch nur Zeit") kleinen kaufmännischen Bestätigungsschreibens[80], das z. B. den Inhalt eines vom Lieferanten bestätigten Change Requests einschließlich der Auswirkungen auf den vereinbarten Preis (nämlich Höhe der Mehrkosten) und des vereinbarten Liefertermins (nämlich Verschiebung nur um eine bestimmte Frist) wiedergibt, enorm dazu beitragen, dass es gar nicht erst zur Krise und zu sehr langwierigen, anstrengenden und meistens für beide Seiten auch im Ergebnis teuren gerichtlichen Streitigkeiten kommt.

Denn dann können Sie dem Lieferanten nachweisen, dass der vom Lieferanten wegen Ihrer Änderungswünsche und der (angeblich) erforderlichen langen Umsetzungszeit nicht anerkannte Verzug auch tatsächlich eingetreten ist – und dass das genau der Vereinbarung mit dem Lieferanten entsprach bzw. der Lieferant nur eine bestimmte Zeit für die Umsetzung ursprünglich vereinbart hat.

Das Buch hat Ihnen vermutlich auch gezeigt, dass Recht zumindest umfangreich ist und manchmal der „Teufel im Detail steckt". Im Zweifel sollten Sie sich daher lieber einmal mehr als zu wenig – vorbeugend – über mögliche Rechtsfolgen beraten lassen.

Wir wünschen Ihnen viel Erfolg beim Abschluss Ihrer IT-Beschaffungsverträge und der Durchführung Ihrer IT-Beschaffung!

Meinhard Erben, Wolf Günther

---

[80] *Gestaltung und Management von IT-Verträgen*, Kap. 3.2.3.

© Springer-Verlag GmbH Deutschland, ein Teil von Springer Nature 2022
M. Erben, W. G. H. Günther, *Beschaffung von IT-Leistungen*,
https://doi.org/10.1007/978-3-662-65077-6_11

Literaturverzeichnis

1. Bücher

[1] ERBEN/GÜNTHER; *Gestaltung und Management von IT-Verträgen*, Springer Gabler, 3. Aufl. 2017 (ISBN 978-3-662-54305-4)

[2] ERBEN/GÜNTHER; *Allgemeine Geschäftsbedingungen von IT-Verträgen: Wirksame Gestaltung und Verwendung für Praktiker*, Springer Gabler, 6. Aufl. 2018 (ISBN 978-3-662-54390-0)

2. Gesetzestexte

[3] Beck'sche Textausgabe *BGB, Bürgerliches Gesetzbuch*, Verlag C.H. Beck (gebunden) oder *BGB, Bürgerliches Gesetzbuch*, Beck-Texte im dtv Nr. 5001 (ISBN 978-3-406-71673-7)

[4] Beck'sche Textausgabe, *Handelsgesetzbuch*, Verlag C.H. Beck (gebunden) oder *Handelsgesetzbuch*, Beck-Texte in dtv Nr. 5002 (ISBN 978-3-423-05002-9)

[5] *Urheber- und Verlagsrecht*, Beck-Texte im dtv Nr. 5538 (ISBN 978-3-406-69616-9)

© Springer-Verlag GmbH Deutschland, ein Teil von Springer Nature 2022
M. Erben, W. G. H. Günther, *Beschaffung von IT-Leistungen*,
https://doi.org/10.1007/978-3-662-65077-6

Stichwortverzeichnis

Abnahme 33

Absicherung der Leistung 26

Abtretungsverbot 56

AGB 13

Agile Softwareentwicklung 61

   _ Auswahl der
      Teammitglieder 64
   _ Begriffsdefinitionen 63
   _ Change Requests 65
   _ Deeskalationsmechanismen 63
   _ Dokumentationspflicht 65
   _ Gewährleistung 64
   _ Kündigungsrecht 67
   _ Nutzungsrechte 66
   _ Vergütung 61

Änderungen, 56

Anforderungen, Detaillierung der 21

Anwendbares Recht in EVB-IT 119

Anwenderbetreuung 49

Application Service Providing 69

Arbeitnehmerdefinition 121

Arbeitnehmerüberlassung 122

ASP 69

Aufbewahrungspflicht 73

Auftragsdatenverarbeitung 77

Auftragsverarbeitung 77

Aufwandsschätzung 18

Ausfallzeit bei Cloud Computing 73

Ausland, Sitz des Lieferanten 57

Ausländisches Recht 103

BDSG 77

Benutzerdokumentation 46

beschränkte Ausschreibung 109

Bestätigungsschreiben 129

Betreuung 49

Bewertungsmatrix 108

Blockchain 99

Bonus/Malus-Regelungen bei Cloud Computing 72

BSD 24

© Springer-Verlag GmbH Deutschland, ein Teil von Springer Nature 2022
M. Erben, W. G. H. Günther, *Beschaffung von IT-Leistungen*,
https://doi.org/10.1007/978-3-662-65077-6

Bundesdatenschutzgesetz 77

Change Requests 48

CISG (United Nations
   Convention on Contracts for
   the International Sale of
   Goods) 102

Cloud Computing 69

   _ Datenschutz 76
   _ Mietvertrag 69
   _ Verfügbarkeit 72
   _ Vergütung 71
Cloud-Computing

   _ Nutzungsrechte 71
   _ Vertragsbeendigung 73
Daten, personenbezogene 76

Datenschutzgrundverordnung
   76, 77

Datenschutzniveau 78

Deeskalationsmechanismen 28

Dokumentation 46

Dokumentation in EVB-IT 114

Dokumentationspflicht bei agiler
   Softwareentwicklung 65

DSGVO 76, 77

Eigenbeschaffung 127

Entscheidungskompetenz 29

Entwicklungs- und
   Dokumentationsrichtlinien 22

Escrow 45

EU-US Privacy Shield 78

EVB-IT 111

EWR 78

eXtreme Programming 61

Fahrlässigkeit 54

Festpreisvereinbarungen 42

Freiberufler 121

Freihändige Vergabe 109

Geheimhaltung 50

Geheimhaltung in EVB-IT 118

Generalunternehmer 16

Gerichtsstand 59

Gerichtsstand, internationaler
   104

Gesetz zum Schutz von
   Geschäftsgeheimnissen
   (GeschGehG) 50, 52

Gewährleistung bei agiler
   Softwareentwicklung 64

Gewährleistung bei Mietvertrag
   70

Gewährleistung in EVB-IT 115

Gewährleistungseinbehalt 40

Gewährleistungsfrist 37, 40

Gewährleistungsfrist in EVB-IT 117

Gewährleistungsfrist, Beginn 38

Gewährleistungsrechte 19

Gewinnausfälle als Schaden 54

GPL 24

grobe Fahrlässigkeit 54

Haftung bei Mietvertrag 70

Haftung des Lieferanten 54

Haftung in EVB-IT 115

Haftungsbeschränkung 54

Hardware 38

Hinterlegung 45

Individualprogrammierung 23, 42

Informationspflichten 28

Innovationspartnerschaft 110

Installation 33

Internationale IT-Beschaffung 101

IPR (Internationales Privatrecht) 103

IT-Freelancer 121

IT-Freiberufler 121

Kanban 61

Kaufmännisches Bestätigungsschreiben 129

Kaufvertrag 25

Know how, Geheimhaltung 52

Know-how, Rechte am 53

Kündigungsrecht bei agiler Softwareentwicklung 67

Leiharbeitnehmer 122

Leistung, Absicherung der 26

Leistung, nicht feststehende 21

Leistungsschein 18

Leistungsverhalten 26

Mängelmeldung 37

Mängelmeldung ohne Mangel 38

Meilensteintermine 27

Mietvertrag 24

_ Haftung 70

_ Pflege 70

Minderung 70

Mitarbeiter, Austausch 29

Mitwirkungspflicht 31

Mitwirkungspflicht, Bestimmung 31

Mitwirkungspflicht, Verletzung 31

Nachprüfungsverfahren 107

Naturalrestitution 54

Nutzungsrecht, ausschließliches 23

Nutzungsrecht, einfaches 23

Nutzungsrecht, nichtausschließliches 23

Nutzungsrechte 22

Nutzungsrechte bei agiler Softwareentwicklung 66

Nutzungsrechte in EVB-IT 114

öffentliche Ausschreibung 109

Open Source Software 24

OSS 24

Patentrechte 55

pauschalierter Schadensersatz 47, 52

personenbezogene Daten 76

Pflegegarantie 41

Pflichtenheft 20

Phasenbildung 27

Pönale 47

Preisabdeckungsklausel 39

Product backlog 63, 65

Produktionsstillstand 54

Projekt, umfangreiches 20

Projektleiter 29

Projektleiter, Austausch 29

Projektleitung 27

Quellprogramme 44, 45

Rechtswahl 58, 60, 103

SaaS 69

Safe Harbour 78

Schaden, Berechnung und Nachweis 47

Schadensersatz 47, 54, 72

Schadensersatz, pauschalierter
  47

Schadensersatz, pauschalierter
  52

Scheinselbstständigkeit 121, 125

Schiedsgerichte 57

Schiedsgerichtsordnung 57

Schiedsgutachten 58

Schlussbestimmungen 59

Schriftform 59

Schulung 56

Schulungsunterlagen 56

Schutzrechtsverletzungen 55

Schutzrechtsverletzungen in
  EVB-IT 117

Schwellenwert 107

Scrum 61

Service Level Agreement 49

Skonto 41

Software 38

Software as a Service 69

spätere Änderungen 56

Speicherkapazität 69

Spezifikation 20

Sprint 61

Standardsoftware 19, 23

Stillstand der Produktion 54

Subunternehmer 30

Subunternehmer,
  Geheimhaltungspflicht 51

systemtechnische Dokumentation
  46

Terminplanung 31

umfangreiches Projekt 20

UN-Kaufrecht 102

Unterauftragnehmer 30

Unterauftragnehmer,
  Geheimhaltungspflicht 51

Unterschwellenvergabeordnung
  111

Urheberrecht 101, 102

Urheberrechte Dritter 55

USA 78

UVgO 111

Verbot von Abtretungen 56

Verfahrensarten 108

Vergabekammern 107

Vergaberecht 107

Vergabeverordnung 107, 111

Vergütung in EVB-IT 114

Vergütung nach Aufwand 40

Verhandlungsverfahren 109

Verjährung in EVB-IT 115

Verletzung der
  Mitwirkungspflicht 31

Verletzung von Patentrechten 55

Verletzung von Schutzrechten 55

Verletzung von Urheberrechten
  55

Vertrag, Widerruf 26

Vertragsrecht 101, 102, 103

Vertragsrecht bei
  Schiedsgerichten 57

Vertragsstrafe 30, 35, 47, 52

Vertragsstrafe, Höhe 48

Vertragsstrafen bei Cloud
  Computing 72

Verzug 30

Verzug in EVB-IT 115

VgV 107, 111

VOL/A 111

VOL/B 111

Vollstreckung von
  Schiedsgerichtsurteilen 58

Vorgaben des Lieferanten 26

Werklieferungsvertrag 25

Werkvertrag 25

Wettbewerblicher Dialog 110

Widerruf des Vertrags 26

Wiener Kaufrecht 102

Zahlungszeitpunkt 39

Zuschlagskriterien 108

Zweckübertragungsregel 22

The manufacturer's authorised representative in the EU is Springer
Nature Customer Service Centre GmbH, Europaplatz 3, 69115 Heidelberg,
Germany. If you have any concerns regarding our products, please
contact ProductSafety@springernature.com

Printed and bound by CPI Group (UK) Ltd, Croydon, CR0 4YY

24/04/2026

02096341-0017